捧 读

触及身心的阅读

▲
徐志摩

▲
张幼仪与徐志摩
1921年摄于欧洲

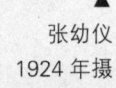

▲
张幼仪
1924年摄

▲
张君劢与徐志摩

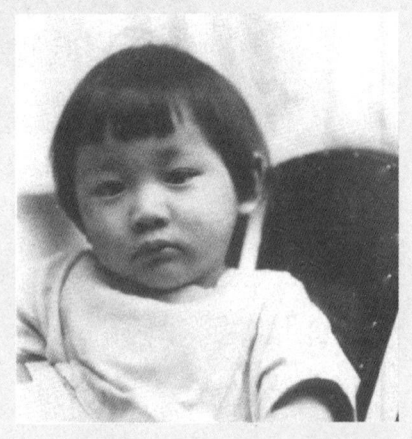

▲
徐志摩的次子彼得
1924年摄于德国柏林

▲

张君劢、刘文岛夫人、张幼仪与刘文岛
1921年摄于法国巴黎

▲

张幼仪
约1937年摄于上海

▲

张幼仪与徐志摩长子徐积锴

▲

林徽因

▲

林徽因、泰戈尔与徐志摩
1924年摄于北京

▲

林长民与林徽因
1920年摄于英国伦敦

▲
凌叔华

▲
凌叔华
20世纪30年代摄

▲
陆小曼
1920年摄

▲
陆小曼

徐志摩与陆小曼的婚礼照
1926年10月3日摄于北京北海公园

徐志摩与陆小曼

陆小曼与徐志摩

在徐志摩所处的年代，一些字词的用法尚无统一规范，故当时的作品中会存在与如今的语言文字规范不符的情况。本书在引用当时的作品时，除明显错讹外，对这类字词未作改动，请读者勿怪。

徐志摩传

我爱这不息的变幻
TSEMON HSU'S STORY

宋江龙

著

河北人民出版社
石家庄

图书在版编目（CIP）数据

徐志摩传：我爱这不息的变幻 / 宋江龙著. — 石家庄：河北人民出版社，2020.8
ISBN 978-7-202-14796-2

Ⅰ. ①徐… Ⅱ. ①宋… Ⅲ. ①徐志摩（1896—1931）—传记 Ⅳ. ①K825.6

中国版本图书馆CIP数据核字（2020）第073748号

书　　名	徐志摩传：我爱这不息的变幻
著　　者	宋江龙
责任编辑	王云弟　刘大伟
美术编辑	于艳红
出版发行	河北人民出版社（石家庄市友谊北大街330号）
印　　刷	天津创先河普业印刷有限公司
开　　本	889毫米×1194毫米　1/32
印　　张	8
字　　数	158 000
版　　次	2020年8月第1版　2020年8月第1次印刷
书　　号	ISBN 978-7-202-14796-2
定　　价	58.00元

版权所有　翻印必究

我不知道风

是在那一个方向吹——

我是在梦中,

甜美是梦里的光辉。

——徐志摩《我不知道风是在那一个方向吹》

目 录

序言｜康河柔波，溯游回你的梦境　　　01

第一章
寂寞的人心
——徐子志摩

- 少年徐志摩　　　002
- 漫漫求学路　　　008
- 命运的铺垫　　　014
- "鲍尔雪维克"　　　022
- "最懂中国"的人　　　028
- 人生转折点　　　032

第二章
小脚与西服
——与张幼仪

- 第一个天足　　　040
- 陌生的婚姻　　　045
- "贤妻"与"孝媳"　　　049
- 异国的相聚　　　055
- 远去的身影　　　061
- 人生的帷幕　　　068
- "最爱他"的人　　　073

第三章
人间四月天
——与林徽因

- ✖ 林下的徽音　　　　　080
- ✖ 同性的"情人"　　　085
- ✖ 波心的荡漾　　　　　089
- ✖ 飞逝的花火　　　　　097

第四章
暧昧的擦肩
——与凌叔华

- ✖ 十足文艺范　　　　　106
- ✖ 耳边的呢喃　　　　　110

第五章
"得之，我幸"
——与陆小曼

- 笼中的画眉　　　　　　　116
- 相遇在星河　　　　　　　122
- 最后的婚礼　　　　　　　128
- 背道的驰行　　　　　　　132
- 无茎的玫瑰　　　　　　　138

第六章
新月生与逝
——与新月社同人

- 在群星之中　　　　　　　146
- 黯灭的光辉　　　　　　　152

后记｜戏剧般的开始，戏剧般的终结　　162

附录·徐志摩作品欣赏

散文

- 我的祖母之死　　　　　　　　　168
- 想飞　　　　　　　　　　　　　186
- 民国七年八月十四日徐志摩启行赴美文　192
- 我所知道的康桥　　　　　　　　196
- 我的彼得　　　　　　　　　　　209

诗歌

- 康桥再会罢　　　　　　　　　　215
- 希望的埋葬　　　　　　　　　　221
- 石虎胡同七号　　　　　　　　　223
- 雪花的快乐　　　　　　　　　　224
- 这是一个懦怯的世界　　　　　　225
- 翡冷翠的一夜　　　　　　　　　227
- 我不知道风是在那一个方向吹　　231
- 我有一个恋爱　　　　　　　　　232

序言 |
康河柔波，溯游回你的梦境

"逝者如斯夫，不舍昼夜。"时间如流淌的康河，踩着不疾不徐的步伐，转眼走过数十年。康河还是那条康河，溯游其上的人不知更迭了多少，这些人就这样被静悄悄地遗忘。

斯人已逝，让人无法忘却的，是那些风华卓绝、潇洒自如的诗篇，是那个徘徊于康河边，追寻自由和爱的身影，是那在中国文学史的天际上短暂绽放后留下的满船星辉，是那个时至今日依旧光芒不弱的名字——徐志摩。

大多数人与徐志摩的初识，都是在青荇招摇、金柳摇曳的"康河边"。大多数人与他的相识，并不完全是出于自己的意愿，而是被课本安排好的"包办婚姻"。一遍又一遍地朗读、背诵，一句又一句地解读、欣赏，我们早已忘记初次见面时的惊艳，更多地把这当成了一项必须完成的任务。这不免大大掩盖了诗作本身的魅力。

正如徐志摩和张幼仪的婚姻，从一开始，就被镀上了一层传统守旧的色彩。接受了新式教育、向往自由和理想的徐志摩对此又怎么能欣然接受？他抱着极大的偏见，甚至都没有把封面翻开，便一把将这场婚姻撕得粉碎，丢弃在封建传统的废纸篓里。

带着先入为主的观念，徐志摩给张幼仪贴上了"包办"的标签。纵使她如何温婉动人，如何优雅得体，见过她的人都说她"线条甚美，雅爱淡妆，沉默寡言，秀外慧中"，他都一律视而不见地认为她愚昧无知。一纸协议，让她成为"民国离婚第一人"，而他，转身去追寻康河里那一抹令他心驰神往的艳影。

他成了很多人眼中不负责任、始乱终弃、风流成性的浪荡子。从他的行为来看，给人留下这样的印象并不奇怪：婚内爱上当时才16岁的林徽因，而张幼仪向他告知自己已有身孕时，他也不为所动。不顾一切地抛下有孕在身的结发之妻，这样的行为，未免显得自私、冷漠。

但对于徐志摩这样一个爱情与自由至上的人来说，他与张幼仪的婚姻就如同一粒被风吹进了眼睛里的沙子，如果不揉出来，他永远不会感到舒畅。

所以他宁愿付出被骂"负心汉"的代价，也要逃离这种被安排的旧式婚姻。他要捍卫自己爱情的净土，他要对抗的不是张幼仪，而是传统婚姻。和张幼仪离婚，卸掉了传统婚姻的枷锁后，他们的关系反而近了，他们书信往来，他开始正视张幼仪，认识到"她是个很有志气的女子"。我不想妄断他做得对或不对，或许在徐志摩的眼中，感情世界没有公平与否，只有爱与不爱。

比起徐志摩的诗作，他和三位民国女子的情感纠葛似乎更为人津津乐道。为了追寻生命中的灵魂伴侣林徽因，他放弃了剑桥大学的博士学位，循着康河的柔波溯游而上，找寻能够和他琴瑟相鸣的佳人，奈何以悲剧收尾。于他而言，为了林徽因放弃博士学位和林徽因最终没有选择他，这是两件不同的事情，是他和林徽因的选择。从开篇到结局，虽有憾却无悔。

陆小曼之于徐志摩，如同罂粟之于瘾君子，一旦沾上，便再难脱身。他也不愿意脱身，两人的爱恋是炽热的、燃烧的。毫无疑问，他们彼此深爱，相互吸引，徐志摩是陆小曼想要的风流才子，陆小曼是徐志摩追求的红粉佳人。但他们不适合携手度过平凡的日子，因为他们都是不甘于平凡和寂寞的人。可是生命和婚姻走到最后，终究还是要归于平凡和平淡，谈恋爱时有情饮水饱，可婚姻里还有柴米油盐酱醋茶。两人都生于富贵之家，从小锦衣玉食，时常吟诗作对，舞文弄墨，风花雪月，独独不会勤俭持家，这使得徐志摩后来一直在为两人的生计而奔波着。

其实，除了世人熟知的张幼仪、林徽因和陆小曼，徐志摩的生命里还有一位不容忽视的红颜知己。他们对彼此推心置腹，最终却没有走到爱情那一步。这位红颜知己和徐志摩相处的时间虽短，但其受信任程度是林徽因和陆小曼也不及的。徐志摩将最透彻、最真实的自我展现给了这位红颜知己。在她的面前，他无需隐藏自己，只有和这位知己通信时，徐志摩才是完整的徐志摩。她就是民国文坛四大美女之一的凌叔华。

与林徽因和陆小曼相比，或许凌叔华才是最适合和徐志摩相伴终生的伴侣，只是她出现在了错误的时间里——林徽因之后，陆小曼之前。与林徽因的感情无疾而终后，徐志摩很难立刻走出来，凌叔华和林徽因有着旗鼓相当的才貌，她的出现转移了他的注意力，成为他治愈情伤的慰藉。而他们相识又只有几个月，矜持骄傲如凌叔华，不可能和徐志摩在如此短的时间内便生发出炽热的爱情，命运没有留给他们细水长流的时间和机会。随后，陆小曼出现，从此，徐志摩再没爱过别人，徐志摩和凌叔华的关系最终也只是止于暧昧。

徐志摩的三段感情，无一不是充满争议的。正是因为情史的瞩目，徐志摩诗人的身份反倒被放在了次要的位置上。其实，年轻的徐志摩可能自己也没有想到将来会成为一名诗人吧。

30余年的人生，虽短暂却浩渺，以上这些都只是其中一部分，透过这些碎片，我们仅仅瞥见了他人生中小小的一隅。风流多情是他，无情残酷是他，自由勇敢是他，热情纯粹也是他，这也正是我选择写下这部传记的原因。

描绘这样一个在文学长河里鲜活涌动、才华横溢的风流人物，我深感自身文字之有限和无力，可能倾我全力，也无法客观全面地铺展出徐志摩精彩的人生轨迹。但同时，我也深知文字的神奇和美妙，因此，我愿以文字为线，尽我所能写出一个相对完整的徐志摩，哪怕只是让读者对他有了一丝新的认识和理解，也已足够。

既然已经决定写这部传记，我便本着务求客观公正、真实可靠的原则拿起了笔，但我深信主观看法和判断在所难免，因此，书里面或许既有所谓历史上、文学中的徐志摩，也有我眼中、我所理解的徐志摩。

世人对徐志摩的人品或许褒贬不一，但对他的才华和文学成就的认可是毋庸置疑的。所幸，他给我们留下了众多想象奇特、意境空灵的诗篇。透过这些诗，我们可以一览这位浪漫诗人的横溢才华和多情神思——"在妖魔的脏腑内挣扎，头顶不见一线的天光"是他的恐惧和痛苦；"那天你翩翩的在空际云游，自在，轻盈，你本不想停留"是他的希望和超脱；"我将于茫茫人海中访我唯一灵魂之伴侣，得之，我幸，不得，我命"是他的爱情和追求。

徐志摩有一首《忘了自己》，他在诗里面写道："一生至少该有一次，为了某个人而忘了自己，不求有结果，不求同行，不求曾经拥有，甚至不求你爱我，只求在我最美的年华里，遇到你。"这句诗也为他的人生留下了一个注脚。

第一章 寂寞的人心

——徐志摩

少年徐志摩

1897年1月15日,徐志摩在浙江省海宁县硖石镇出生。时近新年,一场大雪不期而至,万物返璞归真,及眼之处,尽是白茫茫一片,像是为徐志摩的到来洗涤了世间的污浊。

硖石镇是一个典型的江南小镇,青石板小路从白墙灰瓦的房子之间穿过。一到雨季,淅淅沥沥的小雨连绵不绝,雨雾朦胧间仿佛能嗅到茉莉花的清香,温婉含蓄,别有一番韵味。"一方水土养一方人",诗情画意的江南山水,孕育了徐志摩骨子里的温柔与多情,一切都像是在最开始便埋下了伏笔。

徐家世代经商,家业庞大,富甲一方。徐志摩的祖父徐星匏独资经营着徐裕丰酱园。祖母何太夫人是一位极有智慧的传统女子,一生相夫教子,操持家务,深谙世事。他们育有两个儿子,长子叫徐荣初,次子便是徐志摩的父亲徐申如。后来,徐申如子承父业,继续经营酱园,随着事业的发展,他还当上了海宁硖石商会会长。

1897年,25岁的徐申如与人合股创办了硖石第一家钱庄——

裕通钱庄，后又开设了人和绸布号，凭借自己的胆识和远见，他成为了硖石首富，在硖石一带积累了很高的声望。徐志摩的母亲钱慕英是徐申如的续弦之妻，温柔贤良，23岁生下了徐志摩。

徐志摩的名字，颇有来历。徐志摩本名徐章垿，字槱森，因徐申如属猴，徐志摩亦属猴，所以给他取小字幼申。在他周岁生日那天，按照江南风俗，徐家为他举行了"抓周"之礼：把笔、墨、算盘等物品放在一个木盘上，让孩子抓取，通过这种仪式来预测孩子将来的志向。就在小幼申兴致高昂地左摸右看的时候，一位名叫志恢的和尚路过了徐府。徐申如素来待人和善，见和尚风骨不凡，为了给小幼申讨个吉利，便把和尚请进了屋。和尚见到幼申，摸了摸他的头，开口就说他是麒麟转世，将来必有所为。1918年，徐志摩远渡美国求学前夕，徐申如回想起和尚的话，特地为他改名为徐志摩，希望他"志可摩天，修德成器"。

整个家族都对这个新生的男孩寄予了厚望。何太夫人将他视为心头肉，不舍得他受半点儿委屈。每日清晨，徐志摩会踩着粗糙的石板路，穿过晨光熹微的院子去给祖母道一声早安。祖母总是将他拥入怀里，从枕边拿出状元糕和蜜枣递给他，新的一天是从这样微小但是香甜的幸福开始的。海宁盛产西瓜，把瓜瓤掏干净，在青翠的瓜皮上雕刻各式各样的图案就做成了西瓜灯，坐在西瓜灯下听祖母讲故事也是幼年徐志摩的一大乐趣。成年后的徐志摩在《我的祖母之死》[1]中写道："她爱我宠我的深情,更不是文字所能描写;她那深厚的慈荫,真是无所不包,无所不蔽。"

民国动乱,看得见看不见的硝烟四处弥漫。在那样一个乱世,徐申如用自己的羽翼将徐志摩护于安稳之中,让他得以平静生活,幼年的徐志摩无需担忧自己的未来。日子虽然有点儿枯燥无趣,但对于外界的惊涛骇浪来说,这一份"枯燥"也是得来不易。徐申如早已为徐志摩设计好了人生轨迹,尽管他后来走上了一条迥乎不同的道路,但背后始终有徐家作为坚实的依靠。因此在全家上下的爱护下,徐志摩拥有一个自由充实、无忧无虑的童年,这培养了他善良的品德,以及颇有些古灵精怪的性格基色。

徐志摩小时候热爱探险,他经常和小伙伴们去附近的东山和西山上玩耍,直到天黑才会姗姗而归。徐志摩后来回忆道:

> 我们镇上东关庙外有一座黄泥山,山顶上有一座七层的塔,塔尖顶着天。塔院里常常打钟,钟声响动时,那在太阳西晒的时候多,一枝艳艳的大红花贴在西山的鬓边回照着塔山上的云彩……[2]

1.《我的祖母之死》全文见本书附录。

2.本段引用出自徐志摩散文《想飞》,全文见本书附录。

好奇和求知欲充溢着他幼小而不甘寂寞的心灵，驱使他走进自然，完成自己小小的"探索之旅"。古老的塔院、丛生的野草、坚硬的石头，都记住了他的身影；苍劲有力的孤鹰、干净蔚蓝的天空都曾被他小心翼翼的双眼锁定。

家里的院子也是他玩耍的好去处，仆人家麟是他的玩伴。家麟忠厚朴实，脸上的沟壑都是岁月留下的痕迹，淡然的眼神讲述着这位阅尽沧桑的老仆的故事。在小志摩看来，老仆人家麟的嘴里不知藏着什么法宝，总是能变着花样地蹦出许多新奇的故事和神秘的传说。此外，家麟善于种花，他经常向徐志摩教授种花的知识。从家麟那里，小志摩知道了梅花有单双之分，兰花还分荤素……这些知识鲜活有趣，小志摩常常听得津津有味，专注得仿佛丢了神。徐志摩后来写了一篇小说《家德》，便是以仆人家麟为原型。

徐申如十分重视对徐志摩的教育。到了上学的年纪，他担心天资聪颖的徐志摩误入歧途，就直接把老师请到了家里。徐志摩幼年先后师从孙萌轩和查桐轸两位老先生。孙萌轩先生是晚清秀才，饱读古文经典，他手持一卷书，读起古文来摇头晃脑，沉浸其中。小志摩经常模仿着他的样子读书，那些如群蚁排衙的小字着实说不上有趣。

对于思维活跃的徐志摩来说，家塾的学习无疑是漫长枯燥的，他上课经常走神，看着窗外，脑子里都是东山上的"饿老鹰"

和家麟给他讲的那些神秘的故事：

> 有时好天抬头不见一瓣云的时候听着貔忧忧的叫响，我们就知道那是宝塔上的饿老鹰寻食吃来了，这一想像半天里秃顶圆睛的英雄，我们背上的小翅膀骨上就仿佛豁出了一锉锉铁刷似的羽毛，摇起来呼呼响的，只一摆就冲出了书房门，钻入了玳瑁镶边的白云里玩儿去，谁耐烦站在先生书桌前晃着身子背早上上的多难背的书！[1]

正在云端神游的徐志摩，突然被严厉的先生瞧见了，总是免不了一顿大声呵斥，接着就叫他起来背诵文章。尽管心不在焉，但小志摩总是能流利地背诵出来，因此，先生虽然表面上会训斥他，暗地里却称道他的天分和才华。

一年后，徐申如为徐志摩请来了名师查桐轸先生。查先生是一位老贡生，满腹经纶，古文功底深厚，且医术高超。但他举止懒散，性情有些古怪，与其他儒雅齐整的先生比起来，显得有点儿邋遢。有传言说他从未洗过澡，亦很少漱口，却很爱抽烟，一口黄牙，甚是触目。此后，整整六年的家塾生活，徐志摩都是和查先生一同度过的。在查先生那里，徐志摩除了学到深厚的文言知识，恐怕连他的不羁和洒脱也学了几分。他自

1.本段引用出自徐志摩散文《想飞》，全文见本书附录。

己曾戏言:"我的父母都是勤勉而能自励的人,我这个儿子何以懒散成这个样子,莫不是查桐轸先生的遗教?"

从《三字经》《千字文》到《古文观止》,家塾教育为徐志摩打下了坚实的旧学基础。但是相比这些传统经书,徐志摩更痴迷于唐诗宋词元曲,其中看似随意却大有学问的声律激发了徐志摩极大的兴趣。他喜欢一遍遍地诵读古诗,一字一句地研究和感受那些古老的平仄,得到了关于诗歌最初的韵律启蒙。

漫漫求学路

1907年，结束了长久的家塾学习后，11岁的徐志摩进入硖石镇开智学堂学习。开智学堂在西山脚下，校园里绿植繁茂，青草如茵，对从小就喜欢到西山玩耍的徐志摩来说，开智学堂的一景一物都是那么熟稔亲切。开智学堂实行的是新式教育，不仅开设国文课，还有英语、音乐、美术等课，课程丰富有趣。徐志摩就像一尾从池塘里逃入河流中的鱼，既为这里的景物所吸引，也享受着这里新奇的课堂和氛围。

徐志摩天资聪颖，在新思潮涌动的开智学堂，他接触的不仅仅是更加开放的课程和知识，更重要的是受到了新思想的洗礼，逐渐对时事形成了自己的看法。他出口成章，引经据典，信手拈来，国文老师张树森很欣赏他，多次对他的文章大加赞赏。他第一次找到了自己的舞台，在家塾积攒的深厚功底终于有了用武之地。1909年，年仅13岁的徐志摩写出了《论哥舒翰[1]潼

---

[1] 哥舒翰（704—757），复姓哥舒，安西龟兹（今新疆库车县）突骑施（属西突厥）人，唐朝名将。安史之乱后，哥舒翰前赴潼关拒叛军半年，在宰相杨国忠催促下仓促出战，在灵宝之战中兵败被俘。

关之败》,文章才思飞扬,观点独到,展现出少年老成的才气。这篇文章被国文老师当作范文朗读给同学们听。

徐志摩的体育老师名叫庶仲坚,他原本在武备学堂任教。武备学堂是由李鸿章主持创建的近代中国第一所培养陆军人才的军事院校,它从1885年建立,到1901年被八国联军破坏,短短的16年中,先后走出了冯国璋、曹锟、段祺瑞、田中玉、吴佩孚等一大批著名将领和政治人物。因为不满于清政府的黑暗统治,庶仲坚一怒之下辞职到开智学堂教书。庶仲坚经常以强身健体为名,召集学生向他们宣传反清思想,徐志摩经常去听他的宣讲。庶仲坚的思想或多或少地对少年徐志摩产生了影响。那时的他,刚从家塾中解放出来,对新思想充满了好奇,迫切地需要养分来使自己成长。

徐志摩喜欢看书,时间长了,总觉得眼前仿佛蒙着一层纱,一棵树常常被他看成两棵,天上的鸟儿飞过,他只看得见一层黑影。这对痴迷于自然景物和书籍的徐志摩来说是不可忍受的。他向徐申如说了自己的异样,徐申如当即带他到上海做了检查。原来徐志摩是天生近视,加上终日手不释卷,已经到高度近视的程度了。回来以后,小志摩的鼻梁上就多了一副在那时还很罕见的东西——眼镜。眼前不再是灰蒙蒙一片,万物突然之间都变得清晰可见,他不禁感慨道:"好天!今天才恢复我眼睛的权利!"

1910年初春,大地新生,一年伊始,连空气都是新鲜而富有活力的。在沈钧儒先生的介绍下，徐志摩和表兄沈淑薇进入了杭州府中就读。杭州府中是浙江最好的中学，培育出了很多名人雅士。鲁迅、沈钧儒、叶圣陶都曾在此就读。

从小镇初入古城杭州，西湖边招摇的烟柳、湿润的水雾、宽阔繁忙的街道，还有素未谋面的新同学，都令徐志摩感到兴致盎然。

在杭州府中，徐志摩结识了郁达夫。与徐志摩的鲜活灵动、无所畏惧不同，郁达夫内敛沉稳，始终带着一抹忧郁。也许是因为刚到杭州，还有些不适应，他显得有些局促。两人性格天差地别，似乎很难玩到一块去。但经过一段时间的了解，徐志摩发现沉默寡言的郁达夫是一个有才华有见地的人。因为郁达夫和徐志摩的文章经常被国文老师当作范文朗读给同学们听，两人就这样通过文章熟悉起来，结为挚友。

在郁达夫的眼中，徐志摩是"戴着金边近视眼镜的顽皮小孩"，爱看小说，手里时常捧着一卷书，读书不用功，"而考起来或作起文来，却总是分数得的最多的一个"。徐志摩看书与玩乐时的反差之大常常令郁达夫感到惊诧，他动时高谈阔论，举止大胆，和同学们一起嬉闹玩笑，肆意活泼；静时端坐桌前，全神贯注，许久不动一下，让人不忍打搅。徐志摩还向郁达夫表达过自己对小说的热爱："这些旧诗词，我在书塾时也学过，总感到受到的限制太大，写不好。我现在对小说发生了浓烈兴趣。什么社会小说、警世小说、探险小说、滑稽小说，我都读，读得简直入了迷。"

1911年，辛亥革命如同乍起之浪爆发，狂卷了整个中国，统治了中国两千多年的封建帝制被推翻。那是一个动荡不安的年代，群雄辈出，各路新思想激流猛烈碰撞，洗刷着被束缚了几千年的百姓的心灵。杭州受到波及，杭州府中也停办了，徐志摩只能休学回到硖石。

尽管在家休学，徐志摩也没有停止对时政的关注，他对于时事的敏感和兴趣更甚从前，每日必阅览报刊和书籍。他饥渴地阅读着那些慷慨激昂的文字，吸收着其中的思想，少年的热血被那些掷地有声的字眼点燃。革命的烟火穿过深宅大院高高的围墙不断地熏染着他的耳朵和眼睛，他听见了，看见了，也思考着。外面的声音吸引着他，他对小镇深宅大院里平淡悠长的生活渐渐感到倦怠，盼望着重回校园。

1913年，杭州府中复学，徐志摩从硖石回到杭州继续自己的学业。回到学校后，梁启超先生的《论小说与群治[1]之关系》一文令徐志摩深受启发，思绪万千，他提笔写下了《论小说与社会之关系》。在文中，徐志摩阐释了梁启超先生"欲改良群治，必自小说界革命始，欲新民，必自小说始"的主张，深刻探讨了小说与社会改良的关系。这篇文章被发表在校刊《友声》的创刊号上，在杭州府中轰动一时，被老师贴在教室后面展示。

---

1. 群治，指对各种社会问题的治理和处置。

那个时期的徐志摩对自然科学也抱有极大的热情和兴趣。小时候，家麟给他讲过的故事还时常在他耳畔回响，东山上的光景仿佛就在昨日，树、草、风……历历在目。他小时候与大自然亲密接触留下的种子在心里渐渐苏醒、发芽，随着时间的推移，越发茂盛。每每徘徊于绿树成荫的校园，他不禁心旷神怡，将自己浸泡在满目的生机中，感到身体里的每一个细胞都在微弱而舒缓地呼吸着。仰望天空，脑子里是浩渺的宇宙，星辰仿佛近在眼前，伸手一抓，掌心里空无一物，对自然的神奇与未知探索的心却更加坚定。因此除了对时事的探讨，徐志摩还写下了《镭锭与地球之历史》等文章一展自己对自然科学的思考。

1915年夏，徐志摩从杭州府中毕业，9月赴北京大学读预科，之后因为要回硖石结婚而不得不退学，插班进入上海沪江大学[1]。徐志摩爱好广泛，选修了很多科目，学习成绩优异。然而，在徐志摩看来，上海始终是个浮华之都，纸醉金迷，不是求学圣地。况且他生性爱玩，静不下来，久而久之，难免会受到影响，所以他并没有念完沪江大学的课程。1916年秋，他离开上海北

---

[1].沪江大学，创办于1906年，是一所有浸信会背景的综合性大学，初名浸会神学院，1909年开设浸会大学堂，1911年合并为上海浸会大学，1914年中文校名定为沪江大学。1952年秋，沪江大学在院系调整中被裁撤，各系科（组）分别并入复旦大学、华东师范大学、上海财经学院等院校。浸信会，17世纪从英国清教徒独立派中分离出来的一个主要宗派，因其施洗方式为全身浸入水中而得名。

上天津,到北洋大学[1]的预科攻读法科。1917年9月,北洋大学法科被并入北京大学,徐志摩也随之重返北京大学。

1.北洋大学,创建于1895年10月2日,是中国近代第一所现代大学。曾用名包括北洋西学学堂、北洋大学堂、北洋大学、国立北洋大学、国立北洋工学院等。1951年与河北工学院合并,更名为天津大学。

命运的铺垫

1915年9月23日,徐志摩初次踏上北京的土地,父亲已经为他联络好了远房亲戚蒋百里,让他借住在蒋宅。

蒋百里也出生在硖石镇。祖父蒋光煦是著名的藏书家、刻书家,曾建造一间名为"别下斋"的藏书楼,藏书10万册。与徐志摩不同的是,蒋百里的父亲蒋学娘并没有徐志摩的父亲徐申如那么幸运,他生来就没有左臂,深得蒋光煦的厌恶。因此蒋学娘自小被送往寺庙里当沙弥,还俗后学医,因为不能归族而穷困潦倒。蒋百里的母亲杨镇和出身书香世家,她的父亲是浙江一带的名医。蒋百里13岁时,蒋学娘过世,他只能与母亲相依为命。

蒋百里自小生活艰苦,除了母亲向他传习文章之外,家庭没有余力请老师授学。蒋百里的叔父请老秀才倪勤叔给他的孩子讲课,倪勤叔爱惜蒋百里的聪慧天资,于是免费让他跟着一起学习。1898年,年仅16岁的蒋百里考中秀才,艰辛的努力获得了回报。到了1900年的时候,他被同乡桥镇孙氏聘为私塾老师,随后又到了杭州求是书院深造。

求是书院是现在浙江大学的前身，创建于1897年。在那个时候，书院就开设了众多新式课程，包括数学、物理、化学、史地、博物、音乐、英语、日语等。钱学森的父亲钱均夫、著名医学家厉绥之和民国开国名将施承志都曾在这里求学。1901年，在时任杭州知府林孝恂和时任县令方雨亭、时任监院陈仲恕三人的资助下，蒋百里赴日留学，在陆军士官学校学习，并于1905年顺利毕业。林孝恂是蒋百里的伯乐，他还是林长民的父亲、林徽因的祖父，因为这层关系，蒋百里与林长民和林徽因也都有过交集。

从日本陆军士官学校毕业后的蒋百里并没有回国，而是转到德国陆军大学继续留学，直到1910年才回到祖国。回国后，蒋百里在保定军校[1]当校长。他很快意识到"无理想的民族必亡，无军队的国家受欺"。当时的日本已经对中国虎视眈眈，为了更好地抵御外敌，他萌生了改建军队的想法，便向上级领导申报改建经费，遭到拒绝。

愤懑至极的蒋百里不愿就此作罢。1913年6月18日凌晨，天刚破晓，他身着军装，腰佩长刀，脚踩马靴，召集了全校两千余名师生，向他们慷慨陈词，他说："初到该校，我曾宣誓，我要你们做的事，你们必须办到；你们希望我做的事，我也必

---

1. 保定军校，正式名称为陆军军官学校，1912年创办于河北保定，是中国近代史上第一所正规陆军军校，停办于1923年。校址前身为清朝北洋速成武备学堂、北洋陆军速成学堂、陆军军官学堂。

须办到。你们办不到，我要责罚你们；我办不到，我也要责罚我自己。现在看来，我未能尽责……你们要鼓起勇气担当中国未来的大任！"说完，蒋百里掏出手枪，朝自己的胸腔开了一枪，打算用自杀来惩罚自己，并表达对当局的不满。

这一举动轰动了当时的中国军界。所幸，子弹射偏没有伤到心脏，又抢救及时，他没有死，被送入保定圣心医院休养。照顾他的护士是一位名叫佐藤屋登的日本女子。这名护士柔情似水，她细心体贴、无微不至的照顾，融化了铁血硬汉的心。在佐藤屋登看来，蒋百里也是有胆有识，英勇威武，对他敬佩之至。

两年的相处，两人渐生情愫，坠入爱河。对于蒋百里来说，爱情至上，只要两人相爱，民族和距离都不是问题。因此，他不顾世俗偏见和流言蜚语，毅然迎娶了佐藤屋登。1914年冬，两人在天津德国饭店完婚。蒋百里爱梅，就为自己的妻子取了一个中文名字蒋佐梅。他把自己在北京的宅子戏称为"金刚钻屋"，据说是因为他原本打算用多年的积蓄给爱妻佐梅买一枚钻戒，蒋佐梅回绝了，转而用那笔钱买了这座宅子。徐志摩在北京的第一段时光，就住在这座宅子里。

徐志摩在北京大学攻读法语、日语、政治学和法学。他广交朋友，与志同道合的良友谈论时事，研究学术，一同纵横书海。那段日子里，徐志摩迷上了京剧。1915年他刚到北京时，杨小楼、梅兰芳和余叔岩并称为京剧界"三贤"，徐志摩不以为然，在他看来，武生杨小楼才是最佳。杨小楼嗓音洪亮有力，神态俊逸，扮相英武，动作干脆利落，极注重表达角色的情感。徐志摩第一次在剧场看的就是杨小楼的戏，他还曾当众表演过杨小楼的戏。那是在很多年后的1931年，在一场欢迎他回北大教学的聚会上。同学们请他唱一首歌，出乎意料，留洋国外的徐志摩唱的不是流行歌，而是杨小楼扮演黄天霸的戏——《连环套》。徐志摩的念、唱、做、打，惟妙惟肖，颇有杨小楼的影子。年轻的徐志摩喜欢戏曲里快意恩仇的英雄人物，他或许也曾幻想有朝一日能够像他们一样策马江湖，仗剑天涯。

弱冠之年的徐志摩初出茅庐，踌躇满志，浑身上下不自觉地带着戏剧英雄一般的豪情。北方自古就是英雄辈出之地，遍地都是历史的风霜与厚重，受这种氛围的感染，他更是渴望激扬文字，一展雄才。

蒋百里因为与段祺瑞有嫌隙，所以在政府只挂了一个闲职，有名无实。他终日赋闲在家，本是握枪舞剑的手，现在却只能用来种花养鱼喂鸟，满腔壮志无处伸展，一身才华毫无用武之地。因此他表面上看起来悠闲淡然，好不自在，内心实则愁肠百结，不是滋味。

蒋百里与徐志摩的父亲年岁相仿，和徐志摩以叔侄相称，两人时常相对而谈。从爱情观谈到人生观、价值观，从家事说到国事，他们意外地发现两人实在有太多话题可聊，而观点竟又十分相似，名为叔侄，实则早已成为莫逆之交。蒋百里英勇自杀和不畏艰难迎娶蒋佐梅的事，对初出茅庐的徐志摩产生了很大影响，也让徐志摩埋下了追求自由与个人爱情的种子。在徐志摩到北京求学后不久，他迎来了人生第一次婚姻。

张幼仪的四哥张嘉璈在担任浙江都督秘书去杭州视察时，曾在杭州府中读过一篇文章。文章文笔不凡，遣词造句清丽优雅，掷地有声，字里行间流露出深邃的思想和远大的见识，并"将梁启超的文笔模仿得惟妙惟肖"。张嘉璈后来和张幼仪提起这件事时说，他翻阅过几百份模仿梁启超的学生作品，"但此前没有一篇捕捉到他文字间那种优雅的文白夹杂风格"。

二哥张君劢和梁启超是同僚又是好友，因此，张嘉璈比一般人更加了解梁启超的文章，他对文章的作者产生了兴趣，想见见本人，与之畅谈一番。他立刻请校长把作者唤来，没过多久，一名学生模样的人走进了办公室，来人戴一副金丝边眼镜，面色白皙，双目有神，清俊潇洒，身材修长，举手投足间泰然自若，与文章中透露出的风骨遥相呼应。张嘉璈心中的欣赏更添了几分。原来，张嘉璈读的就是徐志摩曾在杭州府中轰动一时的文章《论小说与社会之关系》。

和徐志摩面谈完以后，张嘉璈认定了徐志摩的品性和才华，深信徐志摩是难得的青年才俊，他当下就想到了自己12岁的妹妹张幼仪。因此，张嘉璈修书一封寄往徐家，表示张家想和徐家结为秦晋之好。在徐申如眼里，这门婚事门当户对，徐志摩和张幼仪也是年龄相当，天作之合，于是愉快地答应了这门亲事。结婚日期定在1915年12月，徐志摩只在蒋百里家住了三个月，就不得不回家完婚。12月5日，徐志摩和张幼仪在硖石商会举办了婚礼。

但徐志摩对这次结婚的安排并不满意，婚后没多久，他就回到了北京继续学业。这次回去，徐志摩住在离北京大学很近的腊库胡同。尽管从蒋宅搬了出来，但徐志摩还是经常去探望蒋百里，两人一起下棋、聊天、饮酒品茶。他对蒋百里和蒋佐梅这段无惧传统封建束缚的爱情很是羡慕，蒋百里打破世俗观念勇敢追求爱情的举动重重撞击着徐志摩的内心。

这次到北京后，徐志摩通过蒋百里结识了梁启超。徐志摩自年少起就一直很敬仰梁启超，对他滔滔江水般肆意挥洒的文字和救国思想仰慕已久。而蒋百里正好是梁启超的得意门生。蒋百里知道了徐志摩的想法以后，自然是极力引荐，梁启超与这位意气风发的青年一见如故，决定收他为学生。1918年6月，徐志摩正式拜师梁启超。徐申如出资1000银元作为拜师礼。从此，徐志摩拜入梁启超门下。

在梁启超面前，徐志摩毕恭毕敬，谦虚好学，进退有度，又不失自己的锋芒和气度，梁启超对他愈加欣赏。在梁启超的介绍下，徐志摩在北京认识了很多风云人物，如汤化龙[1]、范源

1.汤化龙（1874—1918），字济武，湖北蕲水（今浠水）人，著名立宪派人士。历任湖北省谘议局议长、湖北省军政府民政总长、南京临时政府陆军部秘书处长、北京临时参议院副议长、众议院议长、教育总长兼学术委员会长。

濂[1]等。

梁启超心知徐志摩胸有大志，不是池中之物，为了让他接触更多新思想，以拯救民生，施展雄心抱负，他建议徐志摩出国留学。梁启超的提议让徐志摩眼前一亮，他仿佛看到了更多的可能。他赶紧向父亲表明了这个意愿，徐申如本就开明洞察，能够接受新事物，对于徐志摩出国留学的想法当然给予支持。况且徐家本就是富绅之家，不愁出国经费，更没有反对的理由，徐志摩的出国计划很快就定了下来。

徐志摩立刻从北京回到硖石为出国做准备。对于这个决定，徐家上下既喜又悲。感到欣喜的是徐申如，徐志摩如此出息，光耀了徐家的门楣，没有辜负他的期望，他心中不是没有不舍，但他更知道好男儿志在四方。感到悲伤的是徐志摩的母亲和祖母，志摩刚回来便又要远走。虽然早已习惯徐志摩外出求学，一年到头不归家的生活，但此前行程再远，也还是在国内，凭徐家的家底，到底还能照应。此去漂洋过海，山高水长，再想相助，却有心无力。在她们眼里，此时已经没有什么家国之志、苍生疾苦，有的只是自己的儿孙又要出门远行，前途未卜，归期难料。

徐志摩看着黯然神伤的祖母和母亲，心中不是滋味。祖母年事已高，身体越来越不好，回想起自己小时候穿过厅堂去向

---

1. 范源濂（1875—1927），字静生，湖南湘阴人，中国近代教育家。历任北洋政府教育部次长、中华书局总编辑部部长、北洋政府教育总长、北京师范大学校长、中华教育文化基金委员会董事长、南开大学董事、北京图书馆代理馆长等职。

祖母问安，在祖母慈爱的目光下吃状元糕和蜜枣的时光，一幅幅画面闪过，真真切切，仿若昨日再现。而如今，转眼十几年竟倏然而逝，祖母原本只是如霜染的银发此时却像是盖着一层白雪，眼神浑浊，待自己下次回来，都不知是否还认得孙儿。母亲脸上的细纹也成了沟壑，背脊微微弯曲，显得更加瘦弱了。她忙进忙出，为徐志摩打点行装，各类事项叮嘱了一遍又一遍，还是不放心，恨不能跟着徐志摩一起到那大洋彼岸。

徐志摩沉浸在即将出国的喜悦和对家里人的百般不舍中，却忽视了另一个为她牵肠挂肚的女人，那就是他的妻子张幼仪。

1918年8月14日，上海十六铺码头，汽笛声阵阵，一艘艘游船喷出一股强劲的白烟后离岸远去。来来往往的人们使得这一方小天地拥挤熙攘，人群聚了又散，散了又再聚，不同的人，拥有着相同的离别和不舍。21岁的徐志摩在这里和来送行的家人与朋友一一拥抱、告别，与他一同出国的还有刘叔和[1]以及杭州府中的同学董仁坚。他轻轻地挥挥手，转身登上了渡他去往另一段人生的航船。

---

1. 刘叔和（？—1925），名光一，一作光颐，字叔和，江苏南通人。北京大学法科毕业，与徐志摩相识于1918年。

"鲍尔雪维克"

1918年,中华民国成立的第七个年头。喧嚣与战火并没有因为封建帝制的终结而结束,军阀混战日益激烈,不知这团燃烧在华夏大地上的战火何时才能熄灭。

这一年,徐志摩乘坐的"南京号"邮轮从吴淞口驶出,途经横滨、檀香山、旧金山,最后到达纽约。航船在巨大的海洋中变成一粒漂泊的尘埃,海洋中颠簸的客船,一如乱世中的徐志摩,经受着颠簸碰撞却方向坚定。海浪撞击着轮船,清脆的声音一点点撕裂着深夜的宁静。每个海上的夜晚,徐志摩听着滚滚的涛声,心中久久不能散去的,是留学前激昂又赤诚的盼望:

> 国难方兴,忧心如捣,室如县磬,野无青草,嗟尔青年,维国之宝,慎尔所习,以骍我脑。诚哉,是摩之所以引惕而自励也。[1]

---

[1] 本段及下段引用皆出自徐志摩所写的《民国七年八月十四日徐志摩启行赴美文》,全文见本书附录。

在海上漂泊，徐志摩"身之所历，目之所触，皆足悲哭呜咽，不自知涕之何从也"。他看着起起伏伏的海浪，想到自己的祖国正处于水深火热之中，百姓的生活被阴云笼罩，时代灰暗，整个民族走在一片混沌中，不知出路在何方。又想到自己远离故土，"违父母之养，入异域之俗"，此去前路未知，他心里五味杂陈。他在给亲友的告别信中，分析了自戊戌变法以来，留学生出国的积弊：

与闻国政者有之，置身实业者有之，投闲置散者有之。其上焉者，非无宏才也，或蔽于利。其中焉者，非无绩学也，或绌于用。其下焉者，非鲋涸无援，即枉寻直尺。

他感慨于社会道德的滔滔，"庸庸者流引鸩自绝"，呼吁有志之士严立誓言，树立自己的气节，勇于革除积弊流俗，厚积薄发，呼吁大家一起团结起来，做一个有为于天下，不负己、不负家、不负国的青年。

经过20多个颠簸的日夜后，徐志摩终于踏上了美利坚的土地。古人虽云"百无一用是书生"，但最具报国赤诚的也是这一群手无寸铁的读书人。当时的徐志摩豪情万丈，他以美国开国元勋亚历山大·汉密尔顿为榜样，把自己的英文名取为"汉密尔顿·徐"，以成为"中国的汉密尔顿"为目标。最终，怀着报国热情的徐志摩进入了马萨诸塞州克拉克大学。

"鲍尔雪维克"

徐申如曾经开设了一个钱庄，因为经营不善倒闭了。因此，徐志摩出国的时候，徐申如希望他能够出国学习经济。他将厚望寄托在徐志摩身上，希望他学成归国后能够壮大家业。徐志摩也想实业救国，身在克拉克大学历史系的他，选修了现代欧洲史、19世纪欧洲社会政治学、商业管理、劳工问题，将自己的精力集中于政治与经济方面。

徐志摩报国的决心并不是空谈，他把这些想法化成了行动。2014年，"徐志摩与剑桥1920年代"影像展在剑桥大学国王学院大教堂开幕。在这次影像展中，许多关于徐志摩的珍贵资料第一次公开，其中就包括了徐志摩在克拉克大学时的成绩单。这张成绩单已在档案室里沉寂了90余年，密封它的纸袋已盖满了灰尘，灰尘下覆盖的是徐志摩最朝气蓬勃的岁月。当年的徐志摩求知心切，"每日六时起身，七时朝会，晚上高唱国歌，十时半就寝"。他的留美日记已经泛黄，但依旧不能掩盖他秀气的字迹。正是有这些珍贵的资料，才能让我们在几十年后的今天，更加清晰地感受他的异国岁月。徐志摩朝气蓬勃的身影仿佛在历史的光影中渐渐变得清晰：在尽是金发碧眼的校园里，有一张倔强的东方面孔，黑发黄肤，他像一株干枯了许久的树，在这片土地上遇到了甘霖，想把这里的水分吸收到自己身上。旺盛的求知欲和对祖国的殷切希望，大大激发了徐志摩的动力，他仅用一年时间就以优异的成绩毕业，拿下了学士学位，获一等荣誉奖。

徐志摩在校期间，除了将大把精力投入学业外，还加入学生陆军训练团和哈佛大学中国留学生组织的国防会，积极参与学生运动，阅读书籍报纸，关心时事。他和那个时代所有的华人学子一样，忧心家国，向往自由。

在这段时间，徐志摩结识了梅光迪、赵元任、吴宓等进步青年，这些留学国外的才俊回国后在各个领域做出了不朽的贡献。梅光迪作为中国的首位留美文学博士，开创了以"昌明国粹，融化新知"为口号的学衡派；赵元任则以"中国现代语言学之父""中国现代音乐学先驱"闻名；吴宓除了是"红学"的开拓者之一，还是清华大学国学院创办人之一，被称为"中国比较文学之父"。

后来，徐志摩转入纽约哥伦比亚大学研究院，攻读经济学。在哥伦比亚大学研究院的时间里，他除了学习经济方面的知识，还阅读了大量有关政治的书籍，罗斯金[1]、马克思的思想对他产生了深刻的影响。自己国家何以贫弱萎靡，任人欺凌？这是所有有志之士都在思考的问题。马克思关于"烟囱"的见解，让徐志摩对救国有了更深的理解。

马克思于1849年移居伦敦，直至1883年逝世，他经历了伦敦空气最恶劣的30多年。他的妻女都直接或间接地死于空气

---

1. 约翰·罗斯金（John Ruskin, 1819—1900），英国作家、美术评论家，他对社会的评论使他被视为道德领路人或预言家。代表作品有《时至今日》《芝麻与百合》《野橄榄花冠》《劳动者的力量》《经济学释义》等。

污染，痛惜之余，也让他对资本主义制度有了更深刻的反思：在资本主义的压迫下，真正受到伤害的都是无产阶级。马克思的思想深深地影响了徐志摩，他的思想又一次发生了转变。在此之前，徐志摩心中的方向一直是实业救国，他希望发展工业，学习西方先进生产技术，改革教育，以大刀阔斧落在实处的政策去改变当时风雨飘摇的华夏大地。他意识到，实业救国或许能解一时之困，但不能救苍生于水火，也许还会滑向另一个痛苦的极端。

徐志摩心中的实业救国渐渐转变为了政治救国。以往的他，对象征工业进步的烟囱充满敬意，但当他听说了工厂主对无产阶级的种种压迫后，他的心被深深地刺痛。虽然徐志摩最先接受的是资产阶级的新思想，但他的骨子里，依然是一个想要修身、齐家、治国、平天下的传统文人，人文关怀和对苍生的悲悯是他深入骨髓的特征。年少时，生长在温软的江南，富裕的家庭生活让徐志摩从未体验过世间的风雨与艰辛。即使出国后，家人也有足够的经济能力让他在异国过得安稳舒适。在接触马克思的思想后，他对这个世界的认知更加清醒、立体了。在上课之余，他走出校园，想体验无产阶级的生活，他走入劳工行列，亲身体验了资本主义自由文明虚伪皮囊后的残酷与压榨。资本主义不是自由与文明，而是自私与压榨，他第一次对资本家产生了恨意，也对自己曾经信仰的方向，产生了质疑。

在徐志摩迷茫困惑之际，国内的五四运动如火如荼地展开了,中国青年捍卫自由与民主的斗争,又翻开了新的篇章。五四之火的熊熊之势不只点燃了华夏大地,也点燃了徐志摩等海外学子的一腔热血。若徐志摩在国内,街头一定有他振臂高呼的身影。他对资本主义的迷茫散去了不少,五四运动让他看到了希望。他热切地写文,在美国报纸上登文章,和国内的爱国青年一样打电话到巴黎,阻止中国代表在巴黎和会上签字,积极参加中国留学生组成的爱国组织,讨论弹劾"卖国贼"。

中国文人有一个流传上千年的传统,他们内心都有从政的梦想,淡泊的陶潜、狂放的李白、热血的陆游,他们都曾在仕途上倾注过大量的心血。正因仕途的失意,才让他们在文学领域有了超人的造诣。这时的徐志摩热情高涨,忧国忧民。此时的他还没有察觉到自己和文学的缘分,因为与诗歌相比,他更加热衷民约论和相对论等学说,在美国的中国留学生甚至还送了他一个外号——"鲍尔雪维克"[1]。

1."鲍尔雪维克",通译"布尔什维克",是俄语"多数派"(Большевики)的音译,是列宁创建的俄国无产阶级政党。

"最懂中国"的人

在转入哥伦比亚大学后不久,徐志摩遇到了一位哲学家——伯特兰·罗素[1]。在徐志摩的人生中,罗素可以说是对他思想影响最大的人之一。

1872年的春天,罗素出生在英国贵族家庭的庄园里,他的父亲是安伯利伯爵。在罗素4岁的时候,父亲就去世了。父亲在离世之时曾指定一位自由思想家做罗素的监护人,这一遗嘱引发了争议,最后决定由罗素的祖母做监护人。

徐志摩与罗素的成长经历有着相似的地方。罗素虽然出生在一个传统的贵族家庭,但是他的思想并未遭到束缚,他在少年时期就开始学习数学,并对宗教哲学问题产生了很大的兴趣,他将自己的思考和想法发表在了一本杂志上。在类似的成长经历下,正如罗素从小在心底埋下了对哲学思考的种子,而徐志

---

1. 伯特兰·罗素,全名为伯特兰·阿瑟·威廉·罗素(Bertrand Arthur William Russell, 1872—1970),英国哲学家、数学家、逻辑学家、历史学家、文学家,分析哲学的主要创始人,世界和平运动的倡导者和组织者。1950年获诺贝尔文学奖,主要作品有《西方哲学史》《哲学问题》《心的分析》《物的分析》等。

摩则是埋下了对文学的种子。

1890年，罗素进入剑桥大学三一学院学习数学，并在三年后的数学荣誉学位考试中获得了第七名的名次。但是罗素并不满足于此，他接着学习了伦理学，并参加了翌年的伦理学荣誉学位考试。从此，罗素开始了他追寻自由与哲学的一生。

1914年，罗素主张和平、反对战争的思想主张在已经成为帝国主义国家的英国格格不入。列强为重新瓜分利益的第一次世界大战开始了，帝国主义国家在全球殖民地和半殖民地进行着疯狂的掠夺，在他们看来，和平是阻碍他们侵吞利益的灰尘，必欲除之而后快。但罗素并没有因为现实而妥协，他依然积极宣传着自己的反战思想，到处进行和平演讲，撰写反战传单。1916年，英国埃弗里特法院判决一位拒服兵役的平民两年有期徒刑，这引发了罗素的不满，他撰写了一本名为《战时的正义》的册子，以此来表达自己的反战思想，却因此被罚了100英镑。但他不妥协，拒交赎金，于是，政府变卖了他在英国剑桥大学的藏书。

这件事传到了徐志摩的耳朵里，他被罗素的精神折服，将目光转移到罗素的著作上，开始大量研读。他佩服罗素渊博的学识，两人的思想跨过宽阔的大西洋相遇了，碰撞出了激烈的火花。

为了到英国亲自拜访罗素，徐志摩放弃了即将到手的哥伦比亚大学博士学位。这无论在当时还是现在，都是令人难以理解的举动。哥伦比亚大学是全球顶尖的学府，是无数学子梦中的求学天堂，而他仅仅是因为要去追随一位思想家，就放弃了。

但当他乘船漂洋过海，千里迢迢赶到英国的时候，却得知罗素因为和平主张，已经被剑桥大学三一学院除名了。此时的罗素正在北京访问讲学，并且在中国生了很严重的病，有的报纸讹传罗素已在中国病逝。远在英国的徐志摩听说了罗素的"讣闻"，悲痛欲绝。他在《我所知道的康桥》里这样回忆这次事件："他那不确的死耗传到的时候，我真的出眼泪不够，还做悼诗来了。"

一年后的1921年9月，徐志摩打听到罗素已经回到英国，并靠卖文度日，生活过得十分拮据。他再次抛下手头的一切，前往英国，想和这位倾慕已久的哲人来一次思想上的交流。这次他如愿见到了自己的偶像，两人一见如故。徐志摩对罗素的尊崇已经到了顶礼膜拜的程度，罗素也十分喜爱这位来自中国的青年才子，他们开始了长期密切的交往。

罗素的一生经历过四次婚姻。第一任妻子爱丽丝是一个平民姑娘，贵族出身的罗素不顾家人反对，和她举行了婚礼；第二次婚姻发生在徐志摩留学剑桥期间，罗素娶了朵拉·布莱克为妻，这段婚姻持续了14年；与朵拉离婚后，他与秘书帕特丽夏·斯宾塞结了婚；在罗素80岁的时候，他又一次离婚，和英国传记作家伊迪斯·芬琪结婚。

罗素的婚姻历程，即使放到现在也很难为社会所接受，何况是一百多年前思想保守的欧洲。徐志摩和罗素相似的一点是，他们似乎从来都不在意旁人的眼光，他们认为婚姻是自己的事情。罗素说过，对爱情的渴望，是支配他生命的三大激情之一。

罗素与徐志摩保持着长期通信，这些通信透露出他们关系的密切。在目前仅存的徐志摩写给罗素的7封信中，他除了向罗素表达自己的敬仰之情，还和罗素探讨关于中国的建设问题。罗素的第二任妻子朵拉曾在美国杂志《新共和》中发表的《美国的中国政策》一文里写道："他们的古老文明与欧洲和美国文明是平等的，而正在发展的新中国文明，可以设想，将比我们和你们的都优越。"文章对中国的美好未来有着十分坚定的信念。

1922年，徐志摩离开剑桥返回中国的时候，没有和罗素见上面，但是罗素托人给他带来了一本书——《中国问题》。这本书记录了罗素在中国游历了一年后的思考与想法，它深刻地探讨了时处动乱、内忧外患的中国现状，并将西方现状与中国现状进行比较。与传统的"西方中心论"不同的是，罗素认为中国在自己文化的基础上，既不排斥西方科学技术，又不一味追求改变，所以中国不会像西方国家一样产生剧变。在此基础上，罗素还提出："今后的中国将在人类最关键的时刻，带给人类全新的希望，这个希望是可以实现的……因此，中国将取得最高地位。"罗素希望他能够把这本书带给中国的人民，徐志摩答应他，要给这本书写书评。

1922年12月3日，《晨报副刊》发表了一篇名为《罗素与中国——读罗素著〈中国问题〉》的文章，正是徐志摩给《中国问题》写的书评。

人生转折点

如果说罗素是徐志摩思想领域的导师，那么狄更生[1]则是徐志摩在文学领域的领路人。早在1920年，在徐志摩第一次寻访罗素未果后，他进入了伦敦大学政治经济学院学习经济学。那次冲动的寻访让徐志摩感到了孤独和寂寞。

徐志摩初次遇见狄更生，是在1921年的伦敦国际联盟协会[2]会议上，当时的他已经读过狄更生的《一个中国人通信》和《一个现代聚餐谈话》两部作品，深深景仰狄更生的才华。可惜那次英国之行，他们并没有真正意义上的交流。后来，徐志摩在林长民先生的伦敦寓所吃茶，才认识了这位和蔼的作家，有了面对面的交流。狄更生看出了他的才华和失落，便把他推荐到

---

1. 戈尔德沃斯·洛斯·狄更生（Goldsworthy Lowes Dickinson, 1862—1932），英国政治学家、哲学家、作家。

2. 此次在伦敦召开的国际联盟协会会议是临时会议，时间在1921年1月，由英国国际联盟协会首席代表狄更生担任主席。林长民在会上发表演说。徐志摩在会议期间与林徽因结识。

剑桥大学读书。可当时已经错过了招生季，几乎所有学院都已经满员了，狄更生便专程到剑桥大学，为徐志摩申请了一个特别席位，可以随意选科听课。自此，徐志摩的剑桥生活正式拉开了帷幕。

徐志摩在《我所知道的康桥》[1]里这样感谢狄更生："那时我才有机会接近真正的康桥生活，同时，我也慢慢的'发现'了康桥。我不曾知道过更大的愉快。"狄更生除了给徐志摩在剑桥大学申请到一个特别席位之外，还给他介绍了一位久负盛名的艺术家——罗杰·弗莱[2]。

徐志摩和罗杰·弗莱相识之后，受他的影响开启了艺术的新视野，对新派艺术有了更多的领悟。徐志摩为他取了中文名字傅来义。受徐志摩所托，罗杰·弗莱替狄更生画了一幅巨型肖像，随后徐志摩将之带回国内进行了装裱。在1922年和1923年，徐志摩数次邀请他来中国，一方面是因为罗杰·弗莱想到中国写生已久，另外一方面是徐志摩希望他能够到中国来一同去西湖泛舟，"挑弄丹青"。罗杰·弗莱曾送过两张素描给徐志摩，都被徐志摩发表在了《新月》上。

狄更生把徐志摩从政治经济学中解脱出来，为他了解西方

1.《我所知道的康桥》全文见本书附录。

2. 罗杰·弗莱（Roger Fry，1866—1934），英国形式主义批评家，西方现代主义美术的开山鼻祖。代表作品有《贝利尼》《视觉与设计》《变形》《塞尚及其画风的发展》等。

文学创造了机会，是他"弃政从文"的引路人。若没有他，中国的现代文学史上恐怕会少一位才华横溢的诗人。徐志摩送给狄更生一本康熙五十六年版的《唐诗别裁集》，并在书上用毛笔亲自写了贺词：

赠狄更生：
　　举世扰扰众人醉，先生独似青人雪，高山雪，青且洁，我来西欧熟无睹，惟见君家心神折。嗟嗟中华古文明，时埃垢积光焰绝，安得赤心热血老复童，照耀寰宇使君悦。西游得识狄更生先生，每自欣慰，草成芜句，聊志鸿泥。

剑桥大学国王学院顶层的一间小阁楼，是这对忘年交畅聊的天地。闲暇午后，煮一壶咖啡，桌上摆一碟方糖，两人就可以在这里消磨一下午的时光。狄更生与徐志摩聊世界名著，聊文化、自由与信仰，聊他对于真与美的希冀，他们好像一直有聊不完的话题。

徐志摩在留学的岁月，遇到了许多精神上的知己，罗素对待爱情的观点与他如出一辙，而狄更生骨子里的浪漫情怀更是与徐志摩紧紧契合。狄更生是和徐志摩一样单纯、执着、浪漫的人，他崇尚古希腊生活，喜爱浪漫主义作家和作品，对神秘深远的东方文化充满了兴趣。与狄更生在精神思想领域的交锋，让本就浪漫的徐志摩的心中，更添上了一层浪漫主义的情愫，为徐志摩日后在文学上的创作方向奠定了基础。

狄更生大多数时间都在伦敦与自己的姐妹们住在一起，待在剑桥的时间并不多，所以徐志摩格外珍惜与狄更生的会面，每次有机会见面，徐志摩都将自己的烦恼对他倾诉。若不巧，狄更生不在学校的时候，徐志摩便会坐在阁楼门前，静静地凝望着康河的柔波。康河灵韵的水土，就这样"润物细无声"地渗透到了徐志摩的心里。文学和柔情的浪漫种子，此刻，已在他心中悄悄发芽。

除了罗素与狄更生，徐志摩在剑桥时期，还结识了许多社会名流。伦敦彭德街10号是当年著名文学家们聚集的地方，徐志摩在这里又结识了一对文学界的伉俪——女作家曼殊斐尔[1]和她的丈夫麦雷[2]。徐志摩最先结识的是麦雷。或许志趣相投的人之间有着某种神秘的磁场，总是在不经意间互相吸引。一个午后，在一家咖啡店里，他们相识了，并直奔文学主题。当徐志摩讲到现代中国小说创作受俄国作家影响最大时，麦雷的神色一下子兴奋了起来，因为他和曼殊斐尔最喜欢的作家就是俄国的契诃夫和陀思妥耶夫斯基。太阳落山了，他们还沉浸在文学的世

---

1. 通译凯瑟琳·曼斯菲尔德（Katherine Manthfield，1888—1923），短篇小说家，文化女性主义者，新西兰文学的奠基人。徐志摩将她的名字译为"曼殊斐尔"。

2. 通译约翰·米德尔顿·穆里（John Middleton Murry，1889—1957），英国作家、文学杂志编辑，1918年与曼斯菲尔德结婚，是她的第二任丈夫。徐志摩将他的名字译为"麦雷"。

界里,告别的时候,麦雷留下自己的家庭地址,邀请徐志摩来家中做客。

在下着毛毛细雨的一天,徐志摩来到了麦雷的家中拜访,见到了他的妻子曼殊斐尔。

他们没有任何多余的寒暄客套,直奔主题开始聊文学。可惜曼殊斐尔当时身患肺痨,徐志摩不忍心打扰正在养病的她,只交谈了20分钟就匆匆告辞。很多年后,徐志摩仍称那一次交谈是"二十分钟不死的时间"。

徐志摩对曼殊斐尔一直怀着一份特殊的情感,称赞她:

> 像夏夜榆林中的鹃鸟,呕出缕缕的心血来制成无双的情曲,便唱到血枯音嘶,也还不忘她的责任是牺牲自己有限的精力,替自然界多增几分的美,给苦闷的人间几分艺术化精神的安慰。[1]

而对于曼殊斐尔的外貌,徐志摩更是觉得惊为天人:

> 眉目口鼻之清之秀之明净,我其实不能传神于万一,仿佛你对着自然界的杰作,不论是秋水洗净的湖山,霞彩纷披的夕照,或是南洋莹澈的星空,或是艺术界的杰作,

---

1. 本段及下段引用均出自徐志摩的散文《曼殊斐尔》。

培德花芬的沁芳，南怀格纳的奥配拉，密克朗其罗的雕像，卫师德拉（Whisler）或是柯罗（Corot）的画；你只觉得他们整体的美，纯粹的美，完全的美，不能分析的美，可感不可说的美；你仿佛直接无碍的领会了造化最高明的意志，你在最伟大深刻的戟刺中经验了无限的欢喜，在更大的人格中解化了你的性灵。我看了曼殊斐尔像印度最纯澈的碧玉似的容貌，受着她充满了灵魂的电流的凝视，感着她最和软的春风似的神态，所得的总量我只能称之为一整个的美感。她仿佛是个透明体。你只感讶她粹极的灵澈性，却看不见一些杂质。就是她一身的艳服，如其别人穿着，也许会引起琐碎的批评，但在她身上，你只是觉得妥贴，像牡丹的绿叶，只是不可少的衬托。

在康河温柔的夕阳里，徐志摩还邂逅了他一生难忘的红颜知己——林徽因。康河的碧草柔波，不仅溢满了才情，更荡涤了百年的柔情。他们的感情，在百年后的今天，依然为世人所津津乐道。

徐志摩在剑桥的日子，可以说是他多年留学生涯中最难忘的一段时光。在这里不仅仅有让他难忘的爱情回忆，更有无数知己益友。求学之余，大家相聚，谈文学、谈理想，在灵魂和灵魂对话的过程中，无关国籍、无关年龄、无关职业。在文学面前，他们都是最赤裸的、最单纯的。

留学期间的徐志摩，是最真实、年轻、鲜活的。他浪漫、洒脱、执着、多情，广交朋友，求知心切，仿佛就是我们身边青春洋溢的男孩。留学拔高了他的思想，开阔了他的眼界，让他经历了终身难忘的友情和刻骨的爱情。读着他的诗文，我们放眼望去，仿佛可以看到康河之畔静坐的才子，翻阅有关他的史料，仿佛年轻锐气的徐志摩就要穿过这些积年的文字，跃步来到我们的眼前。但就像太过鲜艳的花朵一定会迅速凋零一样，徐志摩最好的岁月，都燃烧在了异国的土地上，回国之后，他再难找到留学期间那种单纯的快乐，他会经历许多事，让他变得更成熟。

第二章　小脚与西服

——与张幼仪

第一个天足

1900年，张幼仪出生在江苏宝山（今上海宝山）的小村子里，这是一块处于黄浦江与长江交汇处的地方。温暖的海风从茫茫大海吹向陆地，孕育了一个又一个富有活力的生命。

张幼仪的父亲有八子四女，张幼仪排行第八。同年，清政府被迫开放了五个通商口岸，华夏版图被列强瓜分，支离破碎。义和团运动正进行得轰轰烈烈，时代风起云涌，很多人的命运被历史裹挟，去往未知的方向。那是一个多事之秋。

按照当时的习俗，家里如果生了男孩，婴儿的脐带会被小心地收好，用坛子装起来放在母亲床下；如果是女孩，就把脐带埋在屋子外面。在那个时代，女子得到的关注总是要少于男子。

张幼仪一家住在宝山的大合院里。家里有两个院子，坐北朝南，地理位置优越。在当时大多数人家只有一个院子的宝山，张幼仪家是富足的。她的祖父是清朝知县，家里的土地从祖辈积攒而来。张家人口众多，张幼仪的父亲还有两个哥哥，他们和张幼仪家一起住在后院。张幼仪的父亲是知名医生，喜欢收藏字画，家里的很多字画都是病人投其所好送来的，它们被收在一个木柜子里。在所有孩子里,只有张幼仪和八弟张禹九被允许靠近那些画。作为知名医生的父亲,他带给张幼仪的不仅是优渥的生活,还有很多做人方面的影响。在《小脚与西服》[1]里,张幼仪回忆说:"即使到今天,都还有人跑来告诉我'你爸救了我妈一命'之类的话。"

张幼仪从小就被教导尊敬长辈,守规矩,她知道孝道的第一条就是"身体发肤,受之父母",她始终谨记父母的教诲。张幼仪的父亲脾气暴躁,对食物很挑剔,因此,张幼仪家有单独的伙夫,不和祖母、两个伯伯及他们的家人共用。张幼仪的母亲戏说"食物是爸爸早上起床的唯一理由"。他有时还会亲自进厨房监督伙夫做菜,大多数时候是张幼仪的母亲来做这项工作。

张幼仪的学名叫"嘉玢"。这是张幼仪的父亲在娶妻时给张家作的一个对句,中有"嘉国邦明"四个字,意为国家美好,国土光明,以此表达自己的爱国之情。后来,他便把对句中的每一个字都当作张家的排辈用字,从张幼仪这一辈开始排。因此,她这一辈的张家人名字里都有一个"嘉"字,下一辈则为"国"字辈,排完之后再从头开始。

名和姓对于注重家庭纽带和血脉亲缘的中国人来说,无异于一张无形的名片,取名字处处体现着中国人的谨慎和重视。

---

[1].《小脚与西服》是张幼仪口述、张邦梅(张禹九的孙女)整理的回忆录,原书为英文所写,题为 *Bound Feet & Western Dress: A Memoir*。本书引用出自谭家瑜所译的《小脚与西服:张幼仪与徐志摩的家变》。

就拿张家来说，张幼仪学名张嘉玢里的"玢"字有美玉的意思，张幼仪的父亲就送给她一只镶着玢玉的别针；张幼仪的大哥张嘉保里的"保"字，意为保护、安全。身为长子，他身上的重任与别的孩子是不一样的，他开了一家棉纺厂，整日忙于厂里的事情。二哥张君劢原名嘉森，在张家人看来，"森"代表着高贵、庄严。他好读书，一身书生意气，喜欢和朋友高谈阔论。四哥张嘉璈名字里的"璈"则是一种古代乐器。

在张幼仪眼里，二哥张君劢聪明伶俐，看似散漫，却是一个有梦想的人，他经常会给张幼仪讲外面发生的事情；四哥张嘉璈虽然年纪比二哥小，但看起来更为深沉成熟，他们两个人都给了张幼仪不同的关爱。

张幼仪的母亲有一双三寸金莲，每天早上，她都会用布条把脚裹好，傍晚时分，再把脚泡进放了香料的水里。张幼仪3岁那年，母亲端着一盆水，手里拿着白布条来到张幼仪面前，把她的脚放进水里，再用厚厚的布条紧紧缠起来，细嫩的双脚钻心似的疼，可是她挣脱不了。母亲安慰她说，过段时间就会习惯了。从那以后，母亲每天早上都会来给张幼仪裹脚，她每次都忍不住号啕大哭。母亲警告她，如果缠脚时哭闹，将来会嫁不出去，但张幼仪还是忍不住大叫。终于有一天，二哥张君劢看不下去了，求母亲把布条拿下来，别给妹妹缠脚了。母亲担心张幼仪将来嫁不出去，当时只有17岁的张君劢立刻回道："要是没人娶她，我会照顾她。"自此，张幼仪再也没缠过脚，她成了张家第一个天足的女人。

1907年临近春节的时候,张幼仪和别的孩子一样穿着新衣服,欢欢喜喜地等着过新年。有一天夜里,家里突然闹作一团,原来是大堂嫂的珠宝被人偷了,找遍整个宅子也没找到小偷。恰好就在那段时间,张幼仪大哥的棉纺厂突然生意好转,大堂嫂的母亲一口咬定是大哥偷了珠宝。这句话被张幼仪的母亲听到了,她知道名声对于一个人和家庭的重要性,不愿再和污蔑自己孩子的人住在一起,当即和张幼仪的父亲商量从家里搬出去。没过多久,张幼仪的父母带着她和几个兄弟姊妹搬到了南翔(今上海市嘉定区南翔镇)的一座小合院。那一年,张幼仪7岁。近10年后,这场纷争才真相大白,偷珠宝的小偷是一个厨师的儿子。张幼仪哥哥的名声才得以恢复。

张幼仪的父亲很有先见之明,他下定决心,无论如何都要让几个儿子接受教育。张幼仪的哥哥们先是跟着父亲请来的先生学习古典经书,后又陆续接受了新式教育。张幼仪的二哥张君劢曾在日本早稻田大学学习法律和政治,四哥张嘉璈在日本庆应大学攻读财政和经济学。他们二人都没有辜负父亲的期望,张君劢是中国国家社会党[1]的创办人之一,曾任中国民主社会党[2]

1.中国国家社会党,简称"国社党",其前身是1932年4月由张东荪、张君劢、罗隆基等于北平发起组织的"再生社"。1934年7月,国社党在天津举行第一次全国代表大会,张君劢当选中央总务委员兼总秘书。

2.中国民主社会党由中国国家社会党和海外的民主宪政党合并而成,1946年8月14日成立于上海。

中央主席,在政坛叱咤风云;张嘉璈曾任中国银行总经理,在金融界具有很大的影响力。

张幼仪很崇拜两个哥哥,想和哥哥们一样接受教育,没有缠过脚的她觉得自己和姐姐是不同的,她有着旺盛的求知欲。张幼仪在《小脚与西服》里回忆说:

> 我是家里四个女孩当中最在意教育的一个,从很早就是。大姐只在乎怎么讨人欢心和搓麻将,后来染上鸦片瘾。三妹喜欢食物和烹饪,所以她最胖。四妹在我们搬到南翔几年后才出世,现在是服装设计师,把主要心思放在艺术和设计上。在我们家经济状况改善以后,她每天都叫一位裁缝来家里给她做新衣服。

1912年,12岁的张幼仪在《申报》上看到了一所名为"第二女子师范学校"[1]的苏州女校刊登的招生广告。这所学校前三年上课,第四年实习,毕业后可以领到一张小学教师资格证书。最让张幼仪动心的是,学校一年只收取5银元学费。张幼仪说服了大姐和她同去,她顺利通过了入学考试,进入女子师范学校就读。

---

1. 全称为江苏省立苏州第二女子师范学校,创办于1912年7月,1927年改称江苏省立女子中学,1949年10月与江苏省立苏州师范学校合并改称江苏省新苏师范学校。

陌生的婚姻

张幼仪13岁时，从女子师范学校放假回家，父母把她叫到客厅里，拿出一只小小的银质相片盒递给她。张幼仪接过盒子打开，里面是一张男子的照片——"他的头大大的，下巴尖尖的，还戴了副圆圆的金丝边眼镜"。她才知道，这是四哥张嘉璈为她选的丈夫。父亲问张幼仪的意见，她没有反对，只小心翼翼地说了一句："我没意见。"因为要结婚，她中断了学业。

张幼仪在《小脚与西服》中回忆，在正式订婚前，张家曾找来相命婆为张幼仪和徐志摩算八字。生辰八字是一个人出生时的干支历日期。年、月、日、时共四柱干支，每柱两字，一共8个字，因此简称为"八字"。生辰八字在中国民间信仰中占有重要地位，古人认为，根据八字能够推算出人的命运好坏。而放在男女之间，便可以推测出两人是否般配。张母请来的相命婆看着徐志摩和张幼仪的生辰八字，愁眉紧锁，神情凝重。

徐志摩生于农历1896年，比张幼仪大4岁，属猴。相命婆说，唐朝皇帝派唐僧到天竺求取佛经时，挑了猴王孙悟空同行，好保护唐僧，助他成功取得真经。因此，猴子是第一个被佛教徒奉为神的动物，它们聪明有灵性，与众不同。但是，相命婆话锋一转："猴子也可能变得狡猾和丑恶。"

张幼仪属鼠，相命婆说鼠生肖象征勤劳和富裕，因为它会自力更生。张幼仪和母亲不懂这意味着什么，相命婆直截了当地说，属鼠的人和属猴的人不般配，如果女方属狗的话，就会好很多了。

张幼仪的姐姐比张幼仪大4岁，相命婆也给张幼仪的姐姐看过生辰八字，得出的结论是张幼仪的姐姐不能早嫁，起码在25岁之前是不允许的，否则丈夫会早死。

这下张母犯难了，姐姐不能嫁，妹妹八字不合，该如何是好。最终，张母让相命婆把张幼仪的生日从1900年改成了1898年，生肖从鼠变成了狗。然后她对家里人宣布，这门婚事天造地设，非常般配。张家把这个消息送到徐家，没过多久，徐家送来了一对鸳鸯作为礼物，张家收下了，算是正式订婚。

相命婆故弄玄虚，她的说法放在今天没有任何科学依据，充满封建迷信色彩。但在当时，人们对相命婆的说法深信不疑，甚至奉为圭臬。一边惧怕算出不好的结果，一边却又抑制不住心里的渴望，想知道结果以求得心安。当不好的结果血淋淋地摆在面前时，倒不愿意接受了，以致不惜强行改变结果。张幼仪的母亲便是如此。

出嫁前，张幼仪从几个哥哥那里听说了很多徐志摩的事情，知道他卓尔不群，才情过人，出身于大户之家，带着富庶人家的贵气，又生得清俊潇洒，举止从容优雅。因此，张幼仪对徐志摩作为自己的丈夫是满意的。

距离结婚时间还有一年的时候，张家就开始筹备这门婚事了。当时上海的有钱人家里流行西式家具，四哥张嘉璈便派张幼仪的六哥亲自去欧洲采购西式家具运回中国。张幼仪原本是打算带着张家为她准备的丰厚嫁妆抵达硖石的，但是六哥认为那样太危险了，因此，张幼仪提前三天从家里出发，乘火车前往硖石。

根据江南地方的传统，新娘的家人要在婚礼前请新郎吃一顿饭，对新郎做出郑重其事的答复。那天，张幼仪的父母留在楼上休息，让她的哥哥们作为代表去吃饭。张幼仪的二哥此时正在柏林求学，由四哥和六哥出面，张幼仪和堂姐一起躲在阁楼上偷看。那是张幼仪第一次见到徐志摩，此前，她只看过他的一张黑白照片。张幼仪躲在暗处，看得不完全，徐志摩走进来时，她只觉得徐志摩比照片上还要瘦削，至于长相，她觉得"他有两只眼睛两条腿，所以不算太丑"。

结婚之前，徐志摩曾提出他对于结婚的要求，他"要一个新式的新娘"。到了结婚那天，堂姐为张幼仪盛装打扮，描眉、盘髻。只见张幼仪戴着一顶头冠，头冠上盖了盖头，身穿一条粉红色的纱裙礼服，粉色是白色和红色的结合，象征着中国新娘和西方新娘的"合璧"。纱裙里三层外三层，像一朵盛放的荷花。纱裙最外面的一层绣着几条龙，娇艳中带着几分威严和庄重。张幼仪看着镜子里焕然一新的自己，平日穿惯了中国传统服饰的她，一下子像换了一个人。她开始不断地猜想，当徐志摩看到她的时候，会是怎样的反应。

结婚仪式是按照中国传统习俗操办的，气派热闹，高朋满座，花烛明亮摇曳，众人欢笑祝福，到处都是喜气洋洋的景象。张、徐两家请来了浙江名士——曾任浙江都督、中国交通总长之职的清末改良派人物汤寿潜证婚，张、徐两家又都是地方名门，这场婚礼备受关注。只见徐志摩身着喜服，站在父亲身边，迎接宾客，行礼、回礼、敬酒……一场婚宴下来，他早已经麻木了。而张幼仪顶着头冠和盖头，什么都看不见，在别人的搀扶和引导下与徐志摩拜堂成亲，向来宾一一行礼，一场婚礼下来，她也累得站不住脚。

婚礼仪式完成之后，张幼仪坐在婚床上，心情忐忑，一边等待着丈夫的到来，一边想象着他的样子。让她没想到的是，一直到天色大亮，徐志摩也没有进入新房——他在奶奶的房间里睡了一晚。后来，在长辈的催促下，徐志摩不情不愿地进了新房，他没有仔细瞧张幼仪，话也没说几句，惜字如金。张幼仪也不是能言善辩的女子，沉默便在两人之间弥散。

"贤妻"与"孝媳"

新婚后的日子，徐志摩和他人谈笑风生，时不时地使唤仆人做事，唯独对张幼仪态度冷淡，既不和她争吵也不和她亲密，仿佛她只是一团空气。他是以一种温和而冷酷的方式来反抗这段婚姻，他给自己筑了一道围墙，不想出去，也不许张幼仪进来，以一种不讲理的、带着蛮横的孩子气把张幼仪所有的好全部挡在了外面。

初来乍到的张幼仪不知道怎么讨公婆欢心，虽然母亲教过她一些道理，但是张幼仪一知半解。她有时会琢磨着母亲说的话，慢慢摸索和徐家长辈的相处之道，渐渐地，她掌握了和公婆相处的技巧。唯独和徐志摩相处的时候，她始终捉摸不到任何技巧，他们维持着生疏遥远的关系，所以两人之间总是沉默的时候居多。

张幼仪丝毫没有感受到新婚的甜蜜和欣喜，她在晚年回忆说："徐志摩从没正眼瞧过我，他的眼光只是从我身上掠过，好像我不存在似的。""除了履行最基本的婚姻义务之外，对我不理不睬，就连履行婚姻义务这种事，他也只是遵从父母抱孙子的愿望罢了。"她起初不清楚内情，以为是自己做错了什么惹得丈夫不高兴。直到有一次，张幼仪从用人口里得知，徐志摩第一次看到自己的照片，就说她是"乡下土包子"。原来从一开始，他就瞧不上自己，张幼仪知道后心如刀割。但她无法怨恨徐志摩，她还是相信，只要尽心侍奉公婆，做好妻子的本分，徐志摩总有一天会发现自己的好，接纳自己的。

她就是这样一个女子，逆来顺受，不争不怨，不会说漂亮话，用自己的行动赢得别人的认可和亲近。她对上孝敬公婆，忙进忙出，毫无怨言，对下宽待用人，从不颐指气使。事实上，在徐志摩眼里很少说话、僵化死板、沉闷无趣的张幼仪得到了众多亲戚朋友的好评。在他们眼里，张幼仪"其人线条甚美，雅爱淡妆，沉默寡言，举止端庄，秀外慧中"，他们都很愿意和张幼仪亲近。徐志摩的好友梁实秋说张幼仪"是极有风度的一位少妇，朴实而干练给人极好的印象"。

徐志摩在院子里看书时，张幼仪就坐在他旁边做女红，能和丈夫静静地相处对于她来说已是莫大的幸福。沙沙的翻书声微不可闻，树枝上的叶子被风吹过，窸窸窣窣，仿佛在窃窃私语；几片白云在天上飘荡，刚刚还在天边，转眼就跑到了头顶，这样的情景让张幼仪感到很安心。

如果时间的马车就这样平稳地行驶下去，如果他们不是身处动荡的乱世，如果他们能守得偏居一隅的岁月静好，或许徐志摩真的有可能如张幼仪所希望的那样慢慢接纳自己，但世事向来都是由天不由己。徐志摩有壮志，意气风发，鸿鹄一朝展翅，又怎么会停在一棵树上栖息，他是一个理想成为国之栋梁的青年人，责任感和使命感不允许他独享安稳。于是徐志摩没有给她进入状态的时间就去天津继续求学了。张幼仪这样的妇道人家，在那时是大门不出二门不迈的，徐志摩出门的时候，她只能目送他远去。

徐志摩时常寄家书回来，每到这时，家里就像过节一样高兴，公公徐申如大声读着徐志摩的来信，张幼仪的心也跟着信里提到的经历飞走了。从一封封家书里，她知道徐志摩拜入梁启超门下，她知道徐志摩认识了胡适以及许多朋友，她知道徐志摩在学习日语、法语，生活充实有趣。她羡慕徐志摩的自由自在，想重回学校继续学业，但因为结婚，张幼仪已经落下了一个学期的课程，如果再回学校，要两年才能毕业。她心里知道，新婚的妇人无论如何也不能就这样长时间地离开婆家，何况，张幼仪的母亲也不会同意。她已经因为大脚被镇民取笑过了，决不能再让徐家蒙羞。张幼仪把回学校的想法小心翼翼地包裹好，埋在心里。她每天陪着婆婆，足不出户，仰望着院子上方的四角天空，多希望自己也变成一只飞鸟，和徐志摩一起横渡沧海。

此时的徐志摩踌躇满志，摆在他眼前的是一片光明、前途大好的人生，任他翱翔的天空越来越广阔，他越飞越远，张幼仪再也跟不上他的脚步，或者说，张幼仪从来没有跟上徐志摩的脚步。

婚后一年半,张幼仪怀孕了。她曾听人说过,有个乡下人家的小老婆生了女孩,让产婆隐瞒真相而把自己的女儿打扮成男孩的故事。她在心里暗暗下定决心,如果生了女孩,决不让她缠脚,要让她接受教育。

1918年3月,张幼仪生下一个男孩。公婆高兴坏了,准备了很多红鸡蛋送给亲朋好友和街坊邻居。徐志摩从北京赶回来,尽管对于他来说,这个儿子更多的是他为了长辈而履行的婚姻责任,看着襁褓里的儿子,他也抑制不住初为人父的激动和欣喜,动作轻柔,生怕惊醒熟睡的幼子。

徐志摩给儿子取名为徐积锴,"锴"为良铁,象征正直、果断、刚强,是有作为的男子应该具备的优良品质。徐家人像当年宠爱徐志摩一样宠爱徐积锴,他的第一个玩具便是一只象牙做的如意。如意如意,如君之意,寄托了徐家人对爱孙、爱子的美好祝福。徐家父母用亲戚朋友送来的贺礼打造了一把百家锁挂在徐积锴的脖子上,希望他长命百岁。

徐积锴百日礼那天,按照习俗,要进行"抓周"。用人把算盘、钱币等物件摆在木盘里,其中还有徐志摩的毛笔,让小积锴抓取。他嘴里咿咿呀呀,两只小手一晃一晃,拿起了徐志摩的毛笔,徐申如很是激动,一把抱起徐积锴说:"又一个读书人,我们家孙子将来要用铁笔咯!"

徐积锴出生5个月后,徐志摩从北京回来准备出国留学。

张幼仪给徐志摩打点着行装,她感到和徐志摩的差距越来越大——他是雄心勃勃、梦想纵横天下的男人,而她,只是一个普通的无所事事的女人。那是一个对女人并不宽容的年代,一个女子的命运从一出生就已经写好,她们从小就被教育相夫教子,三从四德,在家从父,出嫁从夫,只有男人才能顶天立地,才能为梦想拼搏,而女人只能成为男人的依附品。张幼仪从未停止过对徐志摩的羡慕,他可以光明正大、天南海北地去追求自己的理想,而自己,只是一只被拉着线的风筝。

结婚4年,徐志摩跟张幼仪相处的时间只有4个月。在张幼仪看来,父亲和哥哥们都是有学问的人物,他们都对她很好,唯有徐志摩对她态度冷淡。她明白,徐志摩在结婚前就已经摆明了他的想法和追求,他要的是一个新式新娘,他追求的是诗和远方。丈夫志存高远,身为妻子,张幼仪知道,自己就算没办法为他助力,也不能拖他的后腿,她能做的只有在背后默默支持他,也许这样徐志摩还会觉得她是一个识大体的女子。所以尽管委屈,尽管不舍,她也没有半句怨言。

徐志摩走了,背起行囊,漂洋过海,奔赴大洋彼岸。安定下来以后,徐志摩会像以前一样写信回家,狭窄的四方小院里,徐志摩的来信成了张幼仪的情感依托,成了她了解外面世界的唯一桥梁。她期待着徐志摩在家书里提到她,但徐志摩的来信收件人总是写着父母的大名,只有在信尾才会提到她。

徐积锴的小名是阿欢,徐志摩对阿欢的成长很关心,阿欢做了什么，阿欢说了什么，阿欢怎么样了……有一次，徐志摩让张幼仪一整天跟着阿欢，让她把阿欢做了什么，说了什么，都写在信里告诉他；还有一次，徐志摩提出想看看阿欢画的画和写的字。而对张幼仪，他只是寥寥数字，一笔带过。尽管如此，她还是很希望徐志摩写信回来。

  张幼仪的二哥张君劢是徐志摩出国留学的积极推动者，他察觉出了徐志摩和张幼仪之间沉默而生疏的氛围，他知道长期分离对于夫妻关系是极为不利的，他还知道妹妹一直梦想着继续学业。婚后几年，妹妹已经尽了做媳妇的孝道和责任，可以出去追求自己的理想了。张君劢因为生意上的关系，经常和徐申如打交道，于是，他向徐家提出，让张幼仪出国和徐志摩团聚。张幼仪曾经幻想过和徐志摩一起讨论学术问题，聊人生，谈理想，亦步亦趋地走在同一条道路上。她以为自己今生都与这个梦想无缘，张君劢的提议让张幼仪看到了梦想的曙光，她有机会和徐志摩肩并肩同行了。可是，徐申如不同意，他觉得，张幼仪应该在家陪婆婆，带儿子。

异国的相聚

1919年，一场涌动着新鲜血液的革命——五四运动爆发。国内风起云涌，经历着历史的巨大转折，五四运动接过了辛亥革命的接力棒，继续着孙中山先生的事业，革除统治中国两千余年的封建帝制残留下的瘀血。当时身在国外的徐志摩隔着一片大洋密切关注着事态的发展，他摩拳擦掌，热血沸腾，恨不能马上回国，亲眼见证这一历史变革。

那段时间，徐志摩不停地写文章，在美国的报纸上刊登，为的是响应五四运动的号召。他和国内的爱国青年一样，想打电话到巴黎去阻止中国代表在巴黎和会上签字，他和好友热切地谈论着一切，内心的热火从未如此滚烫，他感到有一柄利剑正在胸间铸成。也因为如此，忙于学业和时事的徐志摩几乎忘了要给家里写信。

张君劢向张幼仪问起徐志摩是否有写信来让她到国外去，张幼仪答了没有。徐志摩的确很长时间都没有写信回来了。她想起了徐志摩曾经说过，他要成为中国第一个离婚的男人。张幼仪以为只有在妻子失贞、善妒时，才会"被离婚"，离婚的女人不受娘家待见，别人也会说闲话。她相信，以徐志摩的家教，断然不会将她逼上如此绝路。可是徐志摩很长时间都没有消息，她有些忐忑。

张君劢的建议被徐申如拒绝之后，张幼仪被打回现实，她意识到希望渺茫，转而请徐申如给自己请一个老师。正好徐申如的哥哥未出嫁的女儿们也想求学，张幼仪便和她们一同上课。一年后，徐申如突然同意让张幼仪去国外。原来，此时徐志摩放弃了即将到手的哥伦比亚大学博士学位，赶去欧洲追寻罗素。

在徐志摩看来，追求自己的精神偶像是无需犹豫的，但在当时，他的这个举动让家人百思不得其解。出于对徐志摩的担心，他们决定让张幼仪出国去找徐志摩，一来可以让徐志摩收收心，二来可以在他身边照顾他。其实，徐家人之所以会同意张幼仪出国，也离不开二哥张君劢的周旋，他一边劝说徐申如，一边给徐志摩写信，他在信里以感情和责任为筹码，迫使徐志摩把张幼仪接到身边。于是徐志摩在随后寄回的家书里写道："儿海外留学，只影孤身，孺慕之私，不俟罄述……望大人更以儿意小助奚若，儿切盼其来，非徒为儿媳行也……"这封信将张幼仪心里的阴霾一扫而空，准备出国和徐志摩相见。

为安全起见，张幼仪和一个从西班牙领事馆来的中国家庭同行前往马赛，船上的人得知张幼仪是出国和丈夫团聚，都说她很有福气。张幼仪在家里和几个妹妹学习了一年，她想让徐志摩看到自己的进步，可是又担心和他相处不来，带着紧张和期待的心情上了船。

三个星期以后，船终于驶进了马赛港。张幼仪走出甲板，在人群中一眼就看见了徐志摩，只一眼，她就知道，徐志摩不期待她的到来。张幼仪在《小脚与西服》中回忆说：

> 我看到徐志摩站在东张西望的人群里，同时心凉了一大截。他穿着一件瘦长的黑色毛大衣，脖子上围了条白色丝质围巾。虽然我从没看过他穿西服的样子，可是我晓得那是他。他的态度我一眼就看得出来，不会搞错，因为他是那堆接船人当中唯一露出不想在那儿的表情的人。

张幼仪快要飞上云端的心一下子跌落下来，她差点儿都要忘记了徐志摩一向是不用正眼看她的。她瞬间明白，徐志摩写的那封家书并不是他的本意，张幼仪收敛起脸上的期待和兴奋，跟在徐志摩后面慢慢地走。

徐志摩的确很不乐意张幼仪前来，但他还是决定带张幼仪见识一下外国的风景。他带着她看了巴黎圣母院、埃菲尔铁塔、凡尔赛宫……徐志摩不情愿地给她讲那些名胜古迹的历史典故，但是眼花缭乱的张幼仪此时已经顾不了那么多了，她满心满眼都是国外新奇的风土人情，徐志摩的冷淡被她暂时抛到了脑后。徐志摩还带她去拍了照片，那也是他俩唯一的一张合照。

异国的相聚

或许，故事的结局在一开始就已经写好。相命婆的话歪打正着地说中了他们的结局，哪怕更改了出生年份，依然没有改变两人的悲剧。归根结底，不般配的又何止是生肖。徐志摩是天上的一轮新月，高挂天边，泛着清辉，为有缘人阴晴圆缺；是瑶池的一尾游鱼，清水碧波，卓尔不群，为意中人摇尾摆鳍；是山间的一枝修竹，清高傲气，茕茕孑立，为同道者折腰遮荫。而张幼仪是云后的一颗孤星，沉默不语，光芒微弱，为一轮新月甘做幕后的追光者；是池边的一株烟柳，冬去春来，季节变换，为一尾游鱼蓬勃枝丫；是山脚的一丛青草，枯荣兴衰，风云雨雪，为一枝修竹抬头仰望。

他曾是她的梦中人，她却不是他的同道者。徐志摩向往自由，追求崇高的理想，提倡自由恋爱，反对包办婚姻。而张幼仪觉得，和父母指定的对象结婚不代表不能产生爱情，这是"孝顺的另一种表现"，同时，她也不否认这是"最极端的表现"。在她看来，自由恋爱是两个男女花很长的时间相识相知，如果了解了对方的优点、缺点之后，又觉得不合适分开，这不比包办婚姻更聪明，因为没有人是十全十美的，分开的概率还是很大的。徐志摩向往的是电光石火的心灵相通，是轰轰烈烈的一见钟情后，和自己的灵魂伴侣相携到老。而张幼仪相信日久生情，细水长流，她期待默默付出后得到意中人的心，平平淡淡地白头偕老。他缥缈如云，不甘于平凡，不为一棵树停留，只为山那边的风景驻足，他渴望乘风破浪，直挂云帆济沧海；她平淡似水，归于安稳,恰好就是他看不上的那棵树。

人们常说:"婚姻是爱情的坟墓。"相爱是一对男女相互吸引的过程,如同两极磁场,紧紧相依,随着爱恋的加深,发现彼此的优点和缺点,也许会爱得更深,也许会渐渐淡薄。而走入婚姻的殿堂,并不是这段关系的结束,恰恰只是开始,风花雪月不再,两人相偕着发现生活更真实的面目。有人看到的是血淋淋的惨淡的现实,有人看到的是真实面目下的可爱,有人白头偕老,有人半途而废,婚姻之所以被称为爱情的坟墓,恐怕就在于——现实。恋人或多或少是生活在美好的想象和愿景中的,而进入婚姻的夫妻,不能仅有梦想,换句话而言,婚姻是对爱情的考验。曾经誓言天荒地老的爱侣尚且会分道扬镳,更何况是徐志摩和张幼仪这对包办婚姻下产生的夫妻。

曾经,张幼仪看着徐志摩背着行囊远去的背影,心里想的或许是,无论他走多远,总还要回家。她相信,只要自己手心里还紧紧攥着那根牵扯着徐志摩的线,他就不会走失。她以为,她只要为他守好家,等他看够了世事繁华、人世沧桑之后,会想到她这里还有一个温暖的小窝。却没想到,徐志摩根本没有将那根线交付于她。莫如说,徐志摩根本就是没有线的,他是一只不知疲倦的极乐鸟,不停地飞,不知道目的地,飞是他的本能,停下的那一刻就是生命结束的时刻。

这样的两个人,注定无法长久。

或许那时的张幼仪并不知道自己究竟爱不爱徐志摩,为徐

志摩付出那么多,也许只是为了扮演好妻子这个角色。张幼仪在《小脚与西服》里回忆说:

> 你总是问我爱不爱徐志摩。你晓得,我没办法回答这问题。我对这问题很迷惑,因为每个人总是告诉我,我为徐志摩做了这么多事,我一定是爱他的。可是,我没办法说什么叫爱,我这辈子从没跟什么人说过"我爱你"。如果照顾徐志摩和他的家人可称为"爱"的话,那我大概是爱他吧。在他一生当中遇到几个女人里面,说不定我最爱他。

确实,在外界看来,她为徐志摩的牺牲是普通女人无法做到的,她以为自己的忍让能换来一个完美的结局,她以为徐志摩看尽繁华,便会回头看到灯火阑珊处的她,却没想到,徐志摩头也不回地走进了别人的生命里。

远去的身影

当初，张幼仪受徐志摩父母之托，远赴英国照料徐志摩的生活起居，徐志摩的父母希望，关系平淡的小两口，能趁这次机会在长时间的相处下缓和关系。可没想到，来到英国不仅没有缓和他们的关系，还让张幼仪平添了许多辛苦和委屈。在硖石镇家中，张幼仪是太太，虽然也要操持家事，但很多家务不需要自己亲自动手。可来到英国，张幼仪彻底变成了徐志摩的保姆，每天要洗衣买菜做饭，还要打扫偌大的公寓。即便这样，也没有得到徐志摩一句关心的话。

张幼仪刚到英国时，是抱着继续学习的想法来的。徐志摩为她请了一个英语老师，张幼仪学得很认真，但后来还是半途而废了。原因不在张幼仪，那个女老师嫌路太远，不愿再来授课。当时，张幼仪已经学会26个字母，也会讲一些简单的问候语。张幼仪的"海外求学"计划无奈中断，她说："我来英国本来是要去夫唱妇随，学些西方学问的，没想到做的尽是清洁房子、洗衣服、买吃的和煮东西这些事。"

他们居住在离剑桥大学不远的索斯顿镇的公寓，那里被徐志摩称为与张幼仪"同居"的地方。同居并不是形容夫妻生活的词，我们可以想象，他们的感情淡漠到了何种地步。在英国偌大的公寓里，只能听见两人偶尔的脚步声和时针转动的咔咔声。如今，他们当年居住过的那栋三层居所已经有了新的主人，变得温馨和充盈，一百年前这里的冰冷与尴尬被一扫而空，丝毫看不出是大才子徐志摩住过的地方。与一个自己厌恶的人一起生活，徐志摩能避就避，张幼仪则过得谨小慎微。他们的婚姻像一个拉得直直的橡皮筋，一不小心就会断掉。

在英国，徐志摩常常往外跑，张幼仪隐约猜到也许他已心有所属，但是不知道是何许人物，她一直尽力保持着原配夫人的大度与持重，装作没事人一样继续照顾他的生活。

直到有一天，徐志摩带一个叫袁昌英的女人回家。袁昌英是湖南醴陵人，她的父亲袁雪安早年毕业于日本早稻田大学，思想比较开明。在袁昌英幼年时，袁雪安就把她从老家的私塾中解脱出来，送到江西萍乡正本女校、长沙遵道女校读书，后又转到上海教会学校中西女塾学习英文，接受西方文化的教育。1916年，袁昌英自费到英国留学，在英国爱丁堡大学读英国文学。在英国留学期间，袁昌英结识了徐志摩，徐志摩浪漫洒脱的气质吸引了袁昌英，两人因为文学而成为朋友。

徐志摩和袁昌英在客厅吃饭聊天。袁昌英穿着一身毛料海军裙装，脚上穿着一双皮鞋，十分时髦。张幼仪以为，这就是徐志摩在学校里的女朋友，但她还是用一种原配夫人的宽和态度接待了她。在送茶和糕点的时候，张幼仪发现，这个女学生藏在皮鞋里的，竟是一双小小的三寸金莲。她感到大为不解，最痛恨旧传统的徐志摩，竟然找了一个小脚女人做女朋友。

袁昌英走后，徐志摩向张幼仪询问她对袁昌英的看法。张幼仪说，她整体气质很好，只是小脚与她的谈吐气质不相配。没想到，这短短一句话，点燃了徐志摩对张幼仪积压已久的火气，他朝张幼仪大发脾气，失态地尖叫道："我就知道，所以我才想离婚！"这是两人第一次爆发激烈的争吵，他对张幼仪大声抱怨着，也许是火气压抑了许久，徐志摩失去了理智，话也说得很重，张幼仪心中的委屈和愤怒集结在一起，一气之下夺门而去。

英国的天气，常年阴天多雨，潮湿异常，张幼仪孤身一人徘徊在街头，身处异国他乡，无亲无友的她，看到街头的情侣或家庭，被心痛淹没。直到深夜，徐志摩才将她接回家中。

这一次爆发，让徐志摩和张幼仪获得了一个短暂的缓冲期，两人不再争吵，恢复了从前的冷淡相对。但很快，张幼仪又发现了徐志摩的不对劲之处——本就不爱回家的徐志摩变得更加早出晚归，还经常往理发店跑。在英国，他们的生活过得并不富裕，每月要靠徐申如从国内寄钱度日，徐志摩如果要理发，完全可以让张幼仪在家帮他理，徐志摩却屡屡往理发店跑。张幼仪虽然察觉出了丈夫的异样，但此时的她还不知道，徐志摩迷恋上了林徽因。他频繁地往理发店跑，只是因为邮筒在理发店旁边，而邮筒，带来的是林徽因的消息。

日子就这样一天天地过去。有一天，他们平静的生活再次被打破。当时张幼仪已经有过生孩子的经验，所以她敏感地意识到了自己身体的异样——她又怀孕了。

左思右想之后，她把这个消息告诉了徐志摩，本以为可以让丈夫开心些，可徐志摩只是冷冰冰地说了一句话："把孩子打掉。"原因很简单，徐志摩不想和眼前这个没有感情的女人有更多的牵绊了。张幼仪没想到徐志摩会说出这样的话，在她看来，打掉孩子是一件很危险的事情，况且，一个母亲怎么能忍心把自己的亲生骨肉打掉。

张幼仪彻底崩溃了，一时间，所有的委屈、愤怒全部涌上心头。如果张幼仪对徐志摩的忍耐和包容是那根绷紧的橡皮筋，那么徐志摩的这一句话，就是扯断橡皮筋的最后一丝力。张幼仪悲愤交加，当时的她，恐怕觉得自己一辈子也不能原谅徐志摩，她悲愤到一度想要自尽，可是她想起了自己从小学习的《孝经》里的话："身体发肤，受之父母，不敢毁伤，孝之始也。"于是她说服自己，打消了这个念头。

一个星期后，徐志摩不告而别。他没有回家，也没有告诉张幼仪自己去了哪里。张幼仪以为他去伦敦看朋友了，她一个人待在家里，一连几天，没有和任何人交流。直到有一天早上，徐志摩的朋友黄子美来到他们的住所，黄子美是《晨报》的负责人之一，向来与徐志摩有交情。徐志摩托他给张幼仪带来一句话，问她，"愿不愿意做徐家的儿媳妇，而不做徐志摩的太太？"一开始张幼仪还不太明白这是什么意思，黄子美就把话说开了："徐志摩不要你了。"张幼仪听到这话生气地回答道："徐志摩忙得没空来见我是不是？你大老远跑到这儿，就是为了问我这个蠢问题吗？"接着，张幼仪起身，表示要送客了。黄子美走后，她重重地关上了门。这时候张幼仪终于明白，徐志摩不会再回来了。

茫然无助的张幼仪不知道该怎么办，她只好向在巴黎读书的二哥写信求助，将徐志摩要和自己离婚的消息告诉了他。张君劢很快给妹妹回信，信的第一句却是："张家失徐志摩之痛，如丧考妣。"可见张君劢对于张家失去徐志摩这样一个女婿是多么惋惜和心痛。出于对张幼仪的担心，张君劢在回信里叮嘱她道："万勿打胎，兄愿收养。抛却诸事，前来巴黎。"

于是，张幼仪也离开了索斯顿的家，在一个秋日的早晨前往巴黎。在前往巴黎的轮船上，张幼仪做了这辈子唯一一个与徐志摩想法相悖的决定——她要把孩子生下来。

张君劢没有照顾孕妇的经验，如果张幼仪和他同住，反而还要为他打理家务。为了让张幼仪更好地待产，张君劢找到了曾和他一起参加过巴黎和会、此时正在巴黎大学深造的刘文岛，刘文岛夫妇表示愿意让张幼仪免费在他们家住一段时间。就在那段时间里，张幼仪开始思考自己和孩子的未来，她意识到，自己虽然没有裹脚，但是有很多思想观念是守旧的，这是以前的她没有思考过的问题。她打定主意要留在欧洲，要自力更生，依靠自己的能力养活自己和孩子。生平第一次，她想完完全全地做一回自己。她甚至想要成为一名老师，这样她不仅能养家糊口，还能更好地教育孩子。

不久，张幼仪的七弟从国内来看望她，因为他从二哥那里知道了徐志摩要同姐姐离婚的事情。他一见到张幼仪，就忍不住大哭。此时，张君劢已经离开巴黎转到了德国耶拿大学，张幼仪的七弟也准备前往德国。为了在生产时能够有亲人陪在身边，于是，她也随七弟从法国去了德国，那时她已经怀孕8个月了。

1922年2月24日，张幼仪在德国柏林生下她和徐志摩的第二个孩子。她的希望落空了，在生产时并没有亲人陪伴在她左右。哥哥和弟弟再怎么体贴，也有自己的生活要照应，不可能时时刻刻顾着她。刚生产完的张幼仪虚弱、疲惫、无助，独自躺在医院里，担忧多过喜悦，放眼望去，自己和孩子的未来还被迷雾笼罩着，不知会去向何方。而且，她以为自己怀的是一个女孩，生出来之后，医生告诉她是个男孩。

张幼仪的身体康复后，七弟把张幼仪接回他家住。身在异国他乡的她，不知道该怎么做，也不知道何处是归途。她把孩子暂时托付给医生，留在了医院，准备一个人好好思考一下未来。这时，很久没有音信的徐志摩竟托吴经熊寄来了一封信。吴经熊是徐志摩的好友，是一位著名的法学家。此时，徐志摩正在吴经熊巴黎的家中。他在信里再次提起离婚的事情：

> 真生命必自奋斗自求得来，真幸福亦必自奋斗自求得来，真恋爱亦必自奋斗自求得来！……彼此有改良社会之心，彼此有造福人类之心，其先自作榜样，勇决智断，彼此尊重人格，自由离婚，止绝苦痛，始兆幸福，皆在此矣。

第二天，张幼仪前往吴家，见到了半年未见的徐志摩，他正拿着离婚协议等着她。

徐志摩要求她马上签字，她本来还想说希望询问双方的父母再做决定，但徐志摩脱口而出："来不及了，林徽因就要回国了。"张幼仪这才恍然大悟，原来丈夫爱上了一个叫林徽因的女孩，她此时正在英国，徐志摩如此着急地要离婚，就是要去跟林徽因告白。面对徐志摩的步步紧逼，张幼仪知道这段婚姻已经到了山穷水尽、无可挽回的地步，只好在离婚协议书上签了字。这时，张幼仪才为徐志摩生下第二个儿子不到10天。

人生的帷幕

张幼仪的故事，在她与徐志摩离婚后，才真正拉开帷幕。

1922年，离婚后的张幼仪在德国柏林定居下来，她给孩子取名"彼得"。早在1918年，德国刚刚经历了第一次世界大战的创伤，受战争影响，德国经济秩序混乱，马克严重贬值。张幼仪定居下来时，德国的经济还没有恢复，她每个月都会收到徐申如寄来的支票，用以支付房租、学费和日常支出。她在柏林的佩斯塔洛齐学院读了幼儿教育专业，会讲一口流利的德语。张幼仪在《小脚与西服》里说："我一直把我这一生看成两个阶段，'德国前'和'德国后'。去德国以前，我凡事都怕；去德国以后，我一无所惧。"德国之于张幼仪，是人生的转折点，在这里，张幼仪破茧成蝶，靠着自己的双脚站起来了，她知道，从今以后，自己再也不是也不必成为谁的附庸。

张幼仪在德国有了一位叫朵拉的新朋友。朵拉来自维也纳，40岁出头，是张君劢在柏林大学读书时认识的朋友。正是朵拉帮张幼仪找了德文老师，并帮她申请到佩斯塔洛齐学院的入学资格。虽然她知道，朵拉也是个有故事的人，但出于对朋友的尊重，张幼仪从来没有问过。后来，朵拉主动和她说起自己的故事：她有一个青梅竹马的爱人，出外做生意，把她留在了家乡，直到很久以后才告诉她，他已经在外面娶了另外一个女人。张幼仪和朵拉经历不同，受到的伤害却大同小异。因为这样，她们更加理解彼此。张幼仪去上课的时候，朵拉就帮她在家里照看孩子。那段时间，朵拉是张幼仪除了家人以外的唯一朋友。

张幼仪带着儿子在德国搬过好几次家，每次，朵拉都和他们一起。有时候，德国的房东或房客会对中国人有偏见，朵拉都会上前同他们理论，非常仗义。张幼仪有时会接受一些在德国的中国人邀请，与他们一起去看歌剧、乘游船。那些人聊艺术，谈时事，张幼仪身处其间，却很难跟他们搭上话。她的学识有限，还不足以和他们谈笑风生，之所以会邀请她，是因为她和徐志摩离婚了——哪怕是被离婚，也是一种新潮的行为。

这样生活了一段时间后，一个中国男人出现在张幼仪的视线里。他叫卢家仁，他经常到张幼仪的住处和彼得一起玩闹。张幼仪一直认为卢家仁是因为喜欢彼得才如此频繁地造访，直到卢家仁问她有没有再婚的打算时，张幼仪这才反应过来，原来醉翁之意不在酒。彼时，张幼仪与徐志摩离婚不久，生活处于一片兵荒马乱、风雨飘摇中，她来不及想也从未想过要再次接受一个男人。卢家仁突如其来的试探让张幼仪慌了神，她一瞬间想起四哥张嘉璈和她说过的话，5年内不要和别的男人交往频繁，否则外人会认为是她的不贞才导致徐志摩和她离婚的。张嘉璈对妹妹的担心和提醒不无道理，在传统道德观念里，女子的名节大于天，况且人言可畏，明枪易躲，他人的恶意中伤却难防。

张幼仪念及还留在硖石的长子徐积锴，她觉得自己尚未尽好一个母亲的责任，于是，她明确拒绝了卢家仁。卢家仁得知张幼仪的心意以后，便再也没有出现过。

1923年，徐志摩回国，跟着他回去的还有和张幼仪的一纸离婚协议书。徐申如对徐志摩就这样自作主张地离婚了，非常生气，紧张的气氛在徐家弥漫着。

1924年，从报纸和徐家父母的来信上，张幼仪得知，印度诗人泰戈尔来华访问时，一直是徐志摩陪同在侧。与徐志摩一起的，是他心心念念的才女林徽因。报纸上把并排站在一起的林徽因、泰戈尔和徐志摩称为"岁寒三友"。清冷脱俗的林徽因是"梅"，清瘦修长的徐志摩是"竹"，而站在他们中间白须银发的泰戈尔是"松"。

人们常说："上帝为你关上了一扇门，便会为你打开一扇窗。"但是对于1924年的张幼仪来说，就在她将自己蒙尘的心擦拭干净，做好准备迎接新生的时候，上帝却很不公平地狠狠扇了她一巴掌，还不忘将她推下深渊。她相依为命的彼得突然发病，上吐下泻，呼吸困难。张幼仪和朵拉把他送到医院检查，发现彼得肠道里有一条寄生虫，医生建议她们去瑞士就诊。但瑞士医院的费用昂贵，张幼仪没有工作，除了徐申如寄来的钱，她没有任何经济来源。她写信向徐申如求助，然而他也无法支付那么高昂的医药费。彼得只好继续留在德国的医院医治。

1925年3月19日，彼得在德国的一家儿童医院离世，距离他的3岁生日不到一个月。张幼仪悲痛欲绝，未满3岁的彼得甚至还来不及回到祖国，还来不及初尝这世界的美好，还来不及拥有完整的记忆，还来不及像他的父亲一样去追求自己的爱情，还来不及如他的母亲一样经历人生百态，像天使一样可爱的他就这样猝不及防地被死神带走了。

张幼仪忍着悲痛为彼得举行了一个简单的葬礼，把他的骨灰安放在殡仪馆。1925年3月26日，彼得去世不久后，徐志摩到了柏林。他那时作为诗人的名号越来越响亮，正是意气风发、事业如日中天的时候。张幼仪带徐志摩去殡仪馆看彼得，徐志摩对张幼仪没有感情，但他和彼得血浓于水的父子亲情是无论如何也割舍不断的。

张幼仪在《小脚与西服》中回忆说："我带他到殡仪馆的时候，他紧抓着彼得的骨灰坛子掉眼泪。"徐志摩后来写了一篇悼文[1]纪念他只匆匆见过一面的幼子。从文章里，即使隔着悠悠的岁月长河，我们也能够看出徐志摩对于彼得的爱和悔恨，即便这爱和悔恨来得太迟了：

---

1. 即《我的彼得》，全文见本书附录。

是恨，是怨，是忏悔，是怅惘？许是恨，许是怨，许是忏悔，许是怅惘。荆棘刺入了行路人的胫踝，他才知道这路的难走……你来人间真像是短期的作客，你知道的是慈母的爱，阳光的和暖与花草的美丽，你离开了妈的怀抱……你穿来的白衣不曾沾着一斑的泥污。

直到1926年，26岁的张幼仪完成了她在佩斯塔洛齐学院的课程后，把彼得的骨灰带回了硖石，这个小天使终于回到了他的祖国。

"最爱他"的人

逝者已矣,生者能做的只有带着希望和理想继续走下去。也许是出于内疚,为了让张幼仪从失去儿子的伤痛中走出来,徐志摩带着她去意大利观光度假。此番出去,或许是便于行动,免人闲话,徐志摩还拉上了两个女性朋友,徐志摩总是让张幼仪和她们待在一起,然后独自一人去游览。以女人的直觉,从徐志摩惴惴不安的神情里,张幼仪判断,徐志摩应该是又恋爱了。他每天如坐针毡地等待着从国内来的信和电报。果然又被张幼仪猜对了——这一次,是一位叫陆小曼的女子,她在信中召唤徐志摩尽快回国。徐志摩回国以后,张幼仪环顾四周,猛然发现,自己在德国真的举目无亲了——二哥回了中国;朵拉因为彼得的死伤心欲绝,回了维也纳。

第二年,也就是1926年2月,张幼仪收到了徐家二老的来信,他们在信中表示,如果徐志摩要和陆小曼结婚就必须经过她的同意。远在德国的张幼仪,这才知道徐志摩和陆小曼这桩冒世之大不韪的恋情已经在国内闹得沸沸扬扬。原本远在漩涡外的她突然成为了事件的核心人物,思前想后,她决定回国。

回国前,张幼仪时常会设想父母对于离婚这件事情的反应,直到真正见到了父母,一切才有了定数。在欧洲住了好几年才回到家里,张幼仪发现父母已经不知不觉地老去了。作为家里顶梁柱的父亲,原本鬓发乌黑,现今已夹了很多银丝;母亲步履渐渐蹒跚,没有了往日的雷厉风行。二老没有任何责怪她的话,眼角眉梢都在说着回来就好,回来就好……

张幼仪随后去拜访了徐家父母,徐申如郑重其事地向她确认徐志摩与她离婚的消息,仿佛要听张幼仪亲口承认才能相信这件事千真万确。当着徐志摩的面,张幼仪同意了他和陆小曼的婚事。

经徐家父母的同意,张幼仪带着长子阿欢搬去北京。和以前一样,徐申如每个月会寄给她一笔钱。张幼仪的生活恢复了平静与安宁,从前的她认为,离了婚的女人没有未来,等待她的就只有死亡和歧途。因为已与徐志摩离婚,她不得不自力更生。命运夺走了她的小彼得,好在她还有阿欢。

几个月后,张幼仪突然收到了徐申如从天津拍来的电报,他们因为不堪忍受同陆小曼和徐志摩住在一起,从硖石搬出来了,想来投靠"儿媳"张幼仪。不得不说,徐家二老对张幼仪的信任没有随着她和徐志摩关系的终结而终结,陆小曼的到来,反而让张幼仪在徐家二老心目中的地位变得更加稳固。

不久,张幼仪的母亲病逝,她赶回上海奔丧,一手操办母亲的丧事。自此，张幼仪的父亲形单影只，郁郁寡欢，不久也与世长辞。张幼仪失去了最强有力的依靠。父亲离世后，张幼仪带着阿欢还有四妹、八弟住在上海近郊的乡下，用徐申如寄来的钱支付房租和生活费用。当时张幼仪的四哥已经当上中国银行总经理。后来张幼仪在东吴大学找到了一份教授德语的工作，一学期后，上海女子商业储蓄银行找到张幼仪，请她到银行工作。上海女子商业储蓄银行是一家于1910年由女性创办为女性客户服务的银行。张幼仪明白，这是出于四哥的关系。最后，张幼仪决定出任副总裁。

与此同时，张幼仪还和八弟以及包括徐志摩在内的几个朋友，在南京路合作开设了一家服装行，张幼仪的八弟为服装行取名为"云裳"，来自李白的诗《清平调》中的名句"云想衣裳花想容"。张幼仪在哥哥的帮助下逐渐自立起来，她开办公司，投资股票，赚来的钱不仅养活了孩子，还帮徐家二老在上海买了一套房子。

徐志摩曾经发表过张幼仪应该感谢自己和她离婚的言论，这有些为自己当年的残忍开脱的成分。但是如今再回过头来看，正是因为徐志摩一时的冷酷无情，成就了破茧成蝶的张幼仪。如果张幼仪始终活在家人和世俗所希望她扮演的好媳妇、好妻子的角色里，她永远也不能成为自己的主角。张幼仪自己也曾说："我要为离婚感谢徐志摩。若不是离婚，我可能永远都没办法找到我自己，也没办法成长。他使我得到解脱，变成另外一个人。"

1930年,徐志摩的母亲病重,不久,猝然长逝。徐申如请张幼仪来为徐母操办葬礼。张幼仪一开始是拒绝的,她和徐志摩已经离婚了,于情于理,这是身为徐家儿媳妇的陆小曼应该做的事情。但在徐申如的坚持下,张幼仪答应了,她以干女儿的身份和徐志摩一起为徐母的丧事忙进忙出,主持大小事务。

张幼仪最后一次见到徐志摩是在1931年,徐志摩到张幼仪的服装公司询问西装的事情。不久,张幼仪得到消息,徐志摩飞机失事,他与两名飞机师当场死亡。徐申如白发人送黑发人,悲痛欲绝。徐志摩的遗体先是安放在济南,中国银行为他举行了公祭和葬礼后运回海宁硖石——那个徐志摩出发的地方。

光阴流转,一晃数十年,岁月悠悠,硖石恍惚间竟还像是徐志摩离开时的样子。那些被青苔覆盖的石板小巷,风声呼呼地灌进去,如同孩子的嬉笑,一寸寸,一块块,或许都曾留有徐志摩奔跑过的痕迹。给予了他人生最初温暖的母亲和祖母早已不在人世,仆人家麟也不知去向何方,物是人非事事休。

此后,张幼仪在上海住了十多年,从抗日战争到解放战争,她独自一人经历了世事的流转和变化,身边的人被时光分散在各个角落,难觅踪迹。张幼仪眼光长远,生意没有受到影响,唯独在1937年时,经历了一场女子银行的生死考验。那时,因为战争,上海一片混乱,曾为不夜城的上海一时之间成了很多人狼狈逃离的地方。很多人到女子银行提取现金,张幼仪一时之间供应不了数目庞大的现金支出。危机之下,她急中生智,以云裳时装公司经理的人格和信誉为担保,向客户约定6个月期限,届时连本带利偿还,留住了关键的4000元钱。半年后,张幼仪按时还款,女子银行因此渡过了难关。

1939年,张幼仪21岁的儿子徐积锴,也就是阿欢在上海完婚。1944年,徐申如去世以后,张幼仪每个月往陆小曼的户头打300元钱,以此帮阿欢尽孝顺继母的责任和义务,直到陆小曼的同居者翁瑞午向她表明自己手头有盈余,足以和陆小曼共度余生,她才停止打钱。

1947年,徐积锴携妻子移民美国。1949年,张幼仪离开上海,乘飞机前往香港,因为战乱的影响,张家的兄弟姐妹如同飘萍一般散落在世界各地。

1953年,在孀居了几十年以后,张幼仪在香港和邻居苏纪之再婚。苏纪之是一名医生,也离过婚,带着4个小孩。被求婚以后,张幼仪再次失去了主张,这时的她,早已不是当年那个茫然不自信的女人了,她在事业上敢于决断,但在感情上,还是无法鼓起勇气去接受另一个人,大约是因为当年和徐志摩失败的婚姻在她内心留下了难以愈合的创伤。她还是像以前那样去征求家人的意见才能做决定,不同的是,以前她征求父母的意见,现在是征求哥哥和儿子的意见。在婚姻上,她还是那个传统的中国女人。儿子徐积锴大力支持她追求自己的幸福,他在回信中写道:"母孀居守节,逾三十年,生我抚我,鞠我育我，劬劳之恩，昊天罔极。今幸粗有树立，且能自赡。诸孙长成，全出母训……综母生平，殊少欢愉。母职已尽，母心宣慰，谁慰母氏？谁伴母氏？母如得人，儿请父事。"

二哥张君劢希望张幼仪能遵从内心，自己做决定，他希望妹妹幸福，却又害怕她再次受到伤害，他在回信中写道："兄不才，三十年来，对妹孀居守节，课子青灯，未克稍竭绵薄。今老矣……此名教事，兄安敢妄赞一词？妹慧人，希自决。"

张幼仪再三斟酌以后，和苏纪之结婚了。婚后，两人相濡以沫，携手走过了风风雨雨。苏纪之很尊重张幼仪，张幼仪也信任他，她陪伴他通宵苦读，考取医师执照，他为她戒掉坏习惯，毫无怨言。

1967年，张幼仪和苏纪之前往德国，故地重游。张幼仪曾发现很多地方早已不再是当年风貌，比起物是人非，人事全非或许更让人唏嘘。这次旅行让张幼仪下定了出版徐志摩全集的决心，她想为儿孙留下一些东西。回国以后，她联系到梁实秋，委托他整理徐志摩的文稿，将它们集结出版。

1972年，苏纪之在香港病逝。张幼仪将他葬在香港后前往美国，希望能离儿孙更近一些。1988年，张幼仪以88岁的高龄在美国纽约逝世。

第三章　人间四月天

——与林徽因

林下的徽音

1904年,林徽因在浙江杭州出生,她是林家的长女。林徽因原名林徽音,这个名字取自《诗经·大雅·思齐》中"大姒嗣徽音,则百斯男"一句,是"太姒继承太任、太姜的美德,必能多生儿子"的意思,包含了林家对她的期望和爱护。后来之所以改为"林徽因",是因为当时有位男作家名叫"林微音","林徽音"常常被误认为就是那位作家,她不得不登报公告改名。

林徽因出身书香门第,祖父是林孝恂。林氏的祖上是望族,发展到林孝恂这一代已经式微。林孝恂寒窗苦读,考取了光绪年间的进士,和康有为同科,曾在浙江金华、孝丰等地为官,最终带着家人在浙江杭州定居,林徽因便是出生在祖父的大院里。林孝恂一生为官,精通人情世故,很有远见,敢于打破陈规旧俗,眼光长远,颇有开创性。早在1902年,他就送儿子林长民赴日留学,攻读政治经济学。此外,他乐善好施,曾资助蒋百里去日本求学,蒋百里后来也没有辜负他的期望,成为民国时期著名的军事学家。

林徽因的叔叔林觉民是黄花岗七十二烈士之一。1911年4月24日,也就是广州起义的前三天,林觉民写下了那封荡气回肠、感人肺腑的《与妻书》:

> 意映卿卿如晤:吾今以此书与汝永别矣!吾作此书时,尚是世中一人;汝看此书时,吾已成为阴间一鬼。吾作此书,泪珠和笔墨齐下,不能竟书而欲搁笔,又恐汝不察吾衷……汝幸而偶我,又何不幸而生今日中国!吾幸而得汝,又何不幸而生今日之中国!卒不忍独善其身。嗟夫!巾短情长,所未尽者,尚有万千,汝可以模拟得之……

随后,广州黄花岗起义失败,年仅24岁的林觉民慷慨就义。

林徽因的父亲林长民字宗孟,号称"书生逸士"。他天资聪颖,中过光绪二十三年(1897年)的秀才。在日本早稻田大学留学期间,林长民曾经担任留日福建同乡会会长,因此结识了很多名流,如尾崎行雄[1]、犬养毅[2]、宋教仁、张謇……林长民从日本留学回来后积极投身于宪制运动,宣统元年(1909年),他被推选为福建谘议局书记长,组织请愿同志会,要求清政府召开国会。1917年,他担任北洋政府内阁司法总长。在这期间,林

---

1. 尾崎行雄(1858—1954),号谔堂,日本政治家、议会和政党活动家,日本议会政治之父。

2. 犬养毅(1855—1932),日本政治家、日本第29任首相。

长民和担任财政总长的梁启超结下了深厚友谊。1919年巴黎和会期间,林长民从身在巴黎的梁启超那里得知,日本将霸占青岛,他立刻写下了一篇文章《外交警报敬告国民》,并于5月2日在《晨报》发表。在文章里,林长民说:"胶州亡矣,山东亡矣,国不国矣……国亡无日,愿合我四万万同胞誓死图之。"文章发表两天后,五四运动爆发,林长民的文章如同一声号角,为五四运动壮大了士气。但是,也因为这件事情,林长民不得不辞去了外交委员会委员一职,被派往欧洲组建"国际联盟",这个工作对于心高气傲、抱负远大的林长民来说无异于"发配边疆"。

林长民的原配叶氏早逝,林徽因的母亲何雪媛是林长民的二房夫人,她生下林徽因后又生了一男一女,但都不幸夭折。何雪媛出身普通,娘家开了一家小作坊,能够嫁入林家这样的书香望族,在外人看来,她是幸运的。但因为生长在传统封建家庭,她没有读过很多书,思想有些守旧。在未出嫁之前,作为家里最小的女儿,何雪媛从小被娇生惯养着,因此她也从未学过女红,对持家之事无半点儿经验。相反,林长民的母亲——林徽因的祖母擅长书法,女红也很在行,她贤能聪慧,从嫁过来时便知书达理。婆媳间有了这样大的差距,她自然也看不上何雪媛。因此,何雪媛在林家过得有些委屈。

1912年,林长民遇到了一位叫程桂林的女人,虽然程桂林与何雪媛一样,大字不识一个,但是因为她在大上海生活过,见过世面，为人也练达通透。林长民与她情投意合，便纳她为妾。林长民甚至将自己的居室用程桂林的名字命名，称自己为"桂林一枝室主人"。程桂林过门后，为林家添了几个子女，兴旺了林家的人丁，林徽因的祖母很喜欢她。与对程桂林的态度相比，林长民对何雪媛是漠然的。她和林徽因住在大院一侧不太起眼的房子里，因此幽怨更深。

对于幼年的林徽因来说，母亲的性格或多或少地在她心里形成了一块阴影，即使她后来成了一代才女，这块阴影也是挥之不去的。林徽因的儿子曾这样说道："她爱父亲，却恨他对自己母亲的无情；她爱自己的母亲，却又恨她不争气；她以长姊真挚的感情，爱着几个异母的弟妹，然而，那个半封建家庭中扭曲了的人际关系却在精神上深深地伤害过她。"

林徽因不是不爱自己的母亲，因为爱，所以恨，她恨铁不成钢，恨母亲的不识大体。林徽因的好朋友金岳霖曾一语道破林徽因和母亲的关系："她们彼此相爱，导致互相不喜欢。"因为母亲和程桂林关系紧张，林徽因从小要学着和程桂林，还有其他同父异母的弟妹们相处。只有这样，才能平衡一大家子人的关系。幸好，林徽因的聪慧和灵气是与生俱来的，她似乎天生便拥有一种讨人喜欢的本领。

林徽因的祖母很喜欢她，自小就让她跟在膝下，亲自教养。祖母的才识和学养熏陶着林徽因。林徽因的祖父林孝恂不仅邀请国学大师林琴南在家里讲授四书五经，还聘请外籍教师教授日文和英语，林徽因16岁的时候，就能读英文原版著作。家庭环境对人的成长和影响是至关重要的，它如同一棵树的根，只有根扎得够深够稳，生长出来的枝叶才会葱茏繁茂。林徽因的才情和气度与她在林家这样的书香世家长大关系密切。

　　林长民忙于政治，常年在北京、天津等地工作。林徽因是家里的长女，她既要体贴母亲和程氏，又要为家里的几个弟弟妹妹做好表率，因此，她从小就要学着处理家事，代表全家与远在外地的父亲互写家书。在这样的锻炼中，她逐渐养成了办事细心周到的秉性。林徽因几乎是没有童年的，或许这也正是她虽出身于名门望族，身上却全然没有娇生惯养的大小姐之气的原因。

同性的"情人"

林长民一直很喜欢这个聪明的女儿，并没有因为何雪媛而减少分毫。他惊讶于林徽因小小年纪便如此懂事，如此灵慧。因此，他在为组建"国际联盟"而远赴欧洲时，带上了年仅16岁的林徽因——他觉得她应该出去长长见识，她的聪明、才华，不应该淹没在家庭的琐事当中。

命运的因缘际会有时就是如此奇妙，如同一根看不见的线，将注定要相遇的人缠绕在一起，与对的人可以打上结，围成一个圈；而不对的人，越缠越乱，解不开，只能一剪刀全部剪断，了断烦恼。

1921年1月，林长民在伦敦举行的国际联盟协会会议上发表讲话，当时在场的还有徐志摩。徐志摩对林长民仰慕已久，早在会议之前，他听说林长民要到这个会上发表演说，便拉上了当时与他同在伦敦的陈西滢和章士钊一同前往。

林长民见识广博，思想开放，和徐志摩一样，他生性浪漫，为人热情，喜结良友，他们一见如故。林长民虽为政客，但是他身上也颇有文人的风骨，他喜欢写诗作文，善书法。两人相见恨晚，很快就成了忘年之交。徐志摩常常前往林长民在伦敦的寓所，和他高谈阔论。

就是在这个寓所，徐志摩结识了他文学上的"领路人"狄更生，还有后来对他的艺术视野影响很大的艺术家罗杰·弗莱。

那段日子，徐志摩每日骑自行车往返于林家和剑桥，风雨无阻地到林家去喝下午茶，与林长民几乎是无话不谈。他们聊时事政治，说文学艺术，谈人生理想。林长民年长于徐志摩，阅历丰富，思想开放，为人坦率，对人生之事都有独到经历和见地。和他聊天，徐志摩总能得到很多启发和灵感，精神境界随之一点点地被开阔。林长民不仅和徐志摩聊政坛经历，就连较为私密的风月之事，也直言不讳。徐志摩曾写道："宗孟在时最爱闲谈风月，他一生的风流踪迹，他差不多都对我说过，他曾经原原本本地对我说过他的'性恋历史'，从年少期起直到白头时，他算是供给我写小说的材料。"

他俩甚至还假扮成一对情人。徐志摩在《林长民·一封情书·附记》中写道：

> 有一次我们说着玩，商量彼此装假通情书。我们设想一个情节，我算是女的，一个有夫之妇，他装男的，也算有妇之夫，在这双方不自由的境遇下彼此虚设通信讲恋爱，好在彼此同感"万种风情无地着"的情调。

于是，徐志摩扮成有夫之妇，林长民扮成有妇之夫，他们互相给对方写信，在信里他们分别以这两种身份为视角来表达自己的不自由，抒发对爱情的渴望。

后来，文坛著名的"考据癖"顾颉刚先生经过了一番"考据"，居然判定林长民在书信中所写的对象，其实就是浙江石门的徐自华[1]女士。在我们看来，林长民虽然是给假扮情人的徐志摩通信，但是在林长民的心中，是真的存在着一个"有夫之妇"的。所以，他才能在书信中饱满深情地去抒发自己的感情吧。

在长时间的往来和这种"角色扮演"中，林长民自由的婚姻观和爱情观对徐志摩产生了潜移默化的影响。如果说蒋百里和妻子蒋佐梅的爱情对徐志摩的影响是具有冲击性、震撼性的，那么林长民对爱情的追求和渴望便是丝丝细雨，给徐志摩以"润物细无声"的影响。两人一刚一柔，使得徐志摩对爱情和婚姻有了更深刻的理解，对自己的婚姻有了新的认识，渐渐形成了自己成熟的婚姻观念。徐志摩还以林长民讲述的感情经历为原型写下了一篇小说《一个不很重要的回忆》，后来改名为《春痕》，发表在1923年2月的《努力周刊》第41期上。

1925年，张作霖在日本的帮助下，发兵进攻北京，妄想推翻时任总统曹锟而自立总统。11月之后，奉军著名将领郭松龄

---

1. 徐自华（1873—1935），字寄尘，号忏慧，浙江石门（今桐乡）人，南社女诗人，秋瑾的挚友。

向全国发表反奉通电，还将原奉军第三方面军改名为东北国民军，起兵平乱。郭松龄起兵后，托人来说服林长民，希望他能够助自己一臂之力。林长民感念郭松龄知遇之恩，于是在11月30日晚乘郭松龄的专车秘密离京。在离京途中，林长民遭到奉军王永清带领的军队袭击，在下车躲避时被流弹击中身亡。徐志摩的这位忘年交，林徽因挚爱的父亲，就这样离他们而去了。

  得到林长民死讯后，徐志摩十分哀痛惋惜，他感慨道："这世界，这人情，哪经得起你锐利的、理智的解剖与挑剔？你的锋芒，有人说，是你一生最吃亏的所在。但你厌恶的是虚伪，是矫情，是顽老，是乡愿的面目，那还不是应该的？谁有你的豪爽？谁有你的倜傥？谁有你的幽默？"可见两人友情之深厚。

波心的荡漾

徐志摩初见林徽因，是在伦敦林长民的寓所里。那时的林徽因年方十六，一袭白裙，气质出尘，一颦一笑如一朵水莲花般娇羞纯洁，摇曳生姿，带着少女特有的美丽和动人。刚开始，徐志摩只把她当孩子看。林徽因只是作为徐志摩和林长民这对忘年老友的观众而存在，她在一旁默默地听着两人的对话。某次，徐志摩跟她交谈过之后，发现这个女孩对于文学竟然有着成熟而深刻的理解，后来的每一次交谈，她的见解都在徐志摩的心里激起了阵阵涟漪。在徐志摩看来，林徽因是新女性，她见多识广，受过西方新式的教育，言行举止优雅得体，很有诗人的浪漫气质和高雅的情怀。这些，和自己呆板无趣的妻子张幼仪是截然不同的。再后来，林徽因成了徐志摩访问林家的理由。

徐志摩和林徽因一起看戏剧、跳舞，一起下棋、作文，聊起文学艺术时，他们总是有说不完的话。他觉得林徽因是理解他的，她知道他向往自由，知道他拥有崇高的理想和追求，他感觉自己找到了等待已久的灵魂伴侣。林徽因便是他溯洄从之、梦寐以求的女神。

徐志摩恨不能时时刻刻都和林徽因待在一起,恨不能每天收到她的消息。为此,徐志摩特地在他和张幼仪住处旁的一个杂货铺里安设了邮箱。每天早晨,徐志摩都会赶到杂货铺去取信件,没课的日子里,他就以理发为借口早早出门。

徐志摩发现自己越来越迷恋林徽因,而林徽因也渐渐被浪漫潇洒的徐志摩吸引。她只是一个情窦初开的少女,面对炽热多情、意气相投的徐志摩的追求,她的内心或许也曾有过喜悦和渴望。尤其是在林长民去瑞士开国联大会的时候,林徽因独自留在伦敦的寓所,尽管与当地人没有语言障碍,但她形单影只,难免生出孤独无助之感。就在这时,徐志摩的信件如同一缕缕阳光,驱散了笼罩在她心头的阴霾。

徐志摩无法抑制对林徽因的爱慕之情,他的爱如同夏日的一场暴雨,声势浩大,轰轰烈烈,没有丝毫的掩饰和保留。如果说徐志摩的爱就像大海一样,林徽因已在他的心里掀起了惊涛骇浪。而林徽因面对这样的爱,却始终如一汪池水,没有对他做出过多的许诺和表示,不声不响,似乎时有波澜,又似乎风平浪静,让人不知深浅。

林徽因清醒地知道徐志摩是有妇之夫,碍于这一点,林徽因纠结而茫然,她把徐志摩的追求以及自己的心事悉数告诉了父亲。林长民没想到徐志摩竟会和自己的女儿擦出火花,经过一番考虑,他给徐志摩写了一封信,在信里,他表明了自己的惊诧和不安。念及和徐志摩的友情，林长民没有严词拒绝徐志摩对林徽因的追求，但言下之意已是表明了自己作为父亲的立场——他不赞同两人的感情。事实上，还在国内时，林长民和梁启超就已约定好结为亲家——将林徽因嫁给梁启超的长子梁思成。林长民决定把林徽因送到苏格兰去度假，想冷却徐志摩对林徽因的感情，但是这个方法对徐志摩不奏效。林长民没有办法，最终他选择带林徽因离开伦敦回到中国。

1922年，徐志摩去了柏林找到张幼仪，不顾一切地和她离了婚。离婚后的他从未感到如此自由，他和张幼仪的婚姻始终像是一根刺扎在他的心上，只要一朝不摆脱包办婚姻的束缚，他便觉得自己是笼中鸟、阶下囚。当他终于抛下一切羁绊回到伦敦，欢喜地带着一首写给林徽因的诗去找她时，却得到了林长民已经带着女儿回国的消息，那个熟悉的寓所已人去楼空。

徐志摩的满心欢喜和期待就此落空，好不容易才寻到的北极星再次消失在漆黑的夜空。他迷失了方向，彷徨无措地在康河边独自徘徊、踟蹰，一遍又一遍地回想着那些和林徽因相处的点点滴滴。

徐志摩毫不犹豫地再次放弃了学业从伦敦启程回国。尽管是为追求心中的理想爱情而离开，但徐志摩还是难舍给了他学术和感情滋养的剑桥。临行前，他在《康桥再会罢》[1]一诗中，

1.《康桥再会罢》全文见本书附录。

写下了对剑桥的不舍和眷恋：

> 在你妩媚河身的两岸，此后
> 清风明月夜，当照见我情热
> 狂溢的旧痕，尚留草底桥边，
> ……
> 我今去了，记好明春新杨梅
> 上市时节，盼望我含笑归来，
> 再见吧，我爱的康桥。

轮船在海上漂泊了十数天，徐志摩仿佛回到了几年前初次出国的时候，当时他壮志踌躇，既想闯荡一番事业，又心怀去国怀乡的忧思。看着潮涨潮落，听着耳边浪声滔滔，他心中感慨万千。船终于靠岸，他看见了久违的故国。

徐志摩回到了中国，还带回了他和张幼仪离婚的消息。1922年11月8日，《新浙江》上刊登了《徐志摩 张幼仪离婚通告》。重返自由的徐志摩卸下了身上的枷锁，必定是身心轻快的，他可以没有后顾之忧地去追寻心中所念的爱情。因此，他写了一首调侃包办婚姻的新诗《笑解烦恼结——送幼仪》，这首诗与离婚通告一起发表在《新浙江》上：

> 这烦恼结，是谁家扭得水尖儿难透？

这千缕万缕烦恼结是谁家忍心机织?
这结里多少泪痕血迹,应化沉碧!
忠孝节义——咳,忠孝节义谢你维系
四千年史髅不绝,
却不过把人道灵魂磨成粉屑,
黄海不潮,昆仑叹息,
四万万生灵,心死神灭,中原鬼泣!
咳,忠孝节义!
……
如何!毕竟解散,烦恼难结,烦恼苦结。
来,如今放开容颜喜笑,握手相劳;
此去清风白日,自由道风景好。
听身后一片声欢,争道解散了结儿,
消除了烦恼!

这首思想反叛、在旧知识分子眼里显得"大逆不道"的诗在当时引起了一场小地震。

徐志摩的恩师梁启超也是包办婚姻,但他没有从围城里走出来。身为维新派的代表人物,他不反对弟子勇敢追求幸福,反倒是听说徐志摩在离婚后还和张幼仪频繁通信,很是生气,他认为徐志摩此举会给张幼仪和两家父母带来更多的痛苦。他写了一封信责备徐志摩,在信里,梁启超说道:"吾昔以为吾弟与夫人（此名或不当，但吾愿姑用之）实有不能相处者存，故不忍复置一词。今闻弟归后尚通信不绝，且屡屡称誉，然则何故有畴昔之举？真神秘不可思议矣。"他劝诫徐志摩："人类恃有同情心以自贵于万物，义不容以他人之痛苦易自己之快乐。"况且，梁启超知道，徐志摩离婚的原因就在自己的未来儿媳身上，他无法坐视不理。写这封信，一是为了点醒梦中人，二是为了成全自己的儿子梁思成。

此时的徐志摩早已顾不了那么多，他任凭自己的爱恋如野草一样疯狂地生长。对于他来说，那一腔爱慕是"野火烧不尽，春风吹又生"，是恩师梁启超也劝不住的。他给梁启超回了一封信，在信里，他写道：

我之甘冒世之不韪，竭全力以斗者，非特求免凶惨之苦痛，实求良心之安顿，求人格之确立，求灵魂之救度耳。

人谁不求庸德？人谁不安现成？人谁不畏艰险？然且有突围而出者，夫岂得已而然哉？

我将于茫茫人海中访我唯一灵魂之伴侣；得之，我幸；不得，我命，如此而已。

嗟夫吾师！我尝奋我灵魂之精髓，以凝成一理想之明珠，涵之以热满之心血，明照我深奥之灵府。而庸俗忌之嫉之，辄欲麻木其灵魂，捣碎其理想，杀灭其希望，污毁其纯洁！我之不流入堕落，流入庸懦，流入卑污，其几亦微矣!

就在这时,徐志摩收到了梁思成的一封信,邀请他到清华大学文学社演讲。徐志摩本就想追寻林徽因到北京去,此时,他有了更为合适的理由前往那个他魂牵梦绕之地。

1922年底,徐志摩辗转来到北京以后,先是在东板桥妞妞房胡同瞿菊农[1]的住处借宿,几天后搬到丞相胡同晨报社,没多久又搬进了石虎胡同7号(今小石虎胡同33号)。演讲那天,很多学生慕名而来,想一睹徐志摩的风采,清华大学的小礼堂里挤满了人。徐志摩的演讲主题为"艺术与人生",他全程用英语演讲,台下的学生听得云里雾里,在他们看来,这场演讲没有想象的那样丰富有趣,但是徐志摩的风采还是让他们崇拜。

林徽因回国后,在培华女中继续学业。经过一段时间的独处和冷静,林徽因渐渐有了时间和空间思考。梁家和林家是世交,梁家底蕴深厚,和林家门当户对,这是一份受父母祝福的感情。梁启超作为维新派的领导人,在政界和学术界都有很高的声誉;梁思成自小受父亲的影响和教育,学识气度也非常人能比,并且他为人稳重踏实,可以依靠。林徽因不否认徐志摩风度翩翩,气质潇洒,但他毕竟曾是有妇之夫,况且父亲的态度已经很明确了,他不赞同自己和徐志摩来往过切。林徽因深知,就谈婚

---

1. 瞿菊农(1901—1976),原名世英,江苏武进人,中国近现代教育家。1922年毕业于燕京大学研究科,曾与徐志摩等人一同接待泰戈尔访华。

论嫁而言，梁思成无疑比徐志摩更为合适。因此，她的心渐渐地向梁思成靠近。

梁启超时任北京松坡图书馆馆长，他经常在那里办公。那里绿柳茵茵，湖水清澈，建筑古朴雅致，景色优美迷人，加上少有行人，是约会的绝佳场所。梁思成经常和林徽因去那里约会。林徽因和梁思成约会时，徐志摩就以拜访老师为由来图书馆。梁思成当然知道徐志摩的心思，但他很有涵养，既没有让徐志摩离开，又不想被打扰，于是就在门上贴了一张纸条，上面写着："Lovers want to be left alone."[1] 既给徐志摩留了面子，又使得自己和林徽因不被打扰。后来，徐志摩也不好再厚着脸皮去找他们了。

为了追寻自己的灵魂伴侣，徐志摩撞了南墙也不回头，但是前路茫茫，他不知道自己该去向何方，满腔郁结化作悠悠诗情：

> 我唱一支惨淡的歌，
> 与秋林的秋声相和；
> 滴滴凉露似的清泪，
> 洒遍了你清冷的新墓！
> ……[2]

---

1. 意为："恋人们不想被打扰。"
2. 本诗题为《希望的埋葬》，全文见本书附录。

飞逝的花火

就在徐志摩以为理想中的爱情就此终结时，希望又像一颗种子悄悄萌出了新芽。1924年，泰戈尔的访华如一轮新月，向着徐志摩洒下了沁人的清辉，不仅给了他发起创办新月社的灵感，还让他看到了重燃爱情的希望之光。

早在1923年初，泰戈尔的助手恩厚之就对徐志摩和瞿菊农提到过，泰戈尔有意愿访问中国。9月10日，徐志摩在《小说月报》"泰戈尔专号"上发表文章《泰戈尔来华》，为这次行程预热：

> 泰戈尔在世界文学中，究占如何位置，我们此时还不能定，他的诗是否可算独立的贡献，他的思想是否可以代表印族复兴之潜流，他的哲学（如其他有哲学）是否有独到的境界——这些问题，我们没有回答的能力。但有一事我们敢断言肯定的，就是他不朽的人格……

但原本定在当年10月的访华，却因为泰戈尔身体不适未能成行。虽然这次计划未能实行，但这位对中国怀有浓厚兴趣的诗人，答应徐志摩将于来年春天再次启程前往中国。

1924年4月的某一天，徐志摩来到梁启超的住处，与他一同探讨迎接泰戈尔访华的事宜。当时梁启超和泰戈尔神交已久，因此，他很支持徐志摩，决定由自己的讲学社作为邀请方，其间所有的行程安排和事务处理都交由徐志摩协调负责。以此为契机，这位伟大的印度诗人就这样首次踏上了中国的土地，开启了一段文化交流之旅。在泰戈尔正式抵达中国之前，徐志摩提前到达了上海，将迎接诗人的事宜都准备妥当，万事俱备，只欠东风。

1924年4月12日，泰戈尔乘坐"热田丸号"抵达上海。泰戈尔到达的当天早晨，徐志摩和瞿菊农、郑振铎、张君劢，还有文学研究会、上海青年会、江苏省教育会的代表，以及《时事新报》的记者、日本记者、在上海的印度人士等一起赶到汇山码头等待。徐志摩陪泰戈尔参观了龙华古寺，又去了张君劢的宅邸举行茶话会。他们还一同游赏了西湖，泰戈尔在千年古刹灵隐寺做了一场演说，题目为《飞来峰》。在上海又做了几场演说以后，23日，泰戈尔前往北京。到了北京以后，徐志摩邀请当时同是新月社成员的林徽因和他一起接待泰戈尔。

1924年4月28日下午，泰戈尔在北京先农坛做了一场演讲，很多学生慕名而来，一睹这位伟大诗人的风采。徐志摩在一旁翻译，他翻译得很是顺畅，不仅让前来观看的学生领略到了泰戈尔的思想，也展现出了徐志摩自己的才华和学识。演讲十分精彩，两人时时获得观众的热烈掌声。这次演讲成了当时北京文化界津津乐道的盛事。

泰戈尔在访华期间恰逢自己64岁的生日。北京的文化界打算为他举办一场生日庆祝会，其中有一项便是为泰戈尔献赠中国名字——竺震旦。梁启超这样解释他给泰戈尔取这个中文名字的由来："泰戈尔的外文名字Rabindranath，翻译成中文即'太阳'与'雷'，'震旦'二字由此而来。再循中国以往翻译外国人名之例，泰戈尔的中文姓氏应以其国——印度，即'天竺'为姓，故定为'竺'。因此，泰戈尔的中文名，便定为'竺震旦'。"泰戈尔或许是知道礼尚往来的中国传统，他也为徐志摩起了一个印度名字——素思玛，意为阳光和希望。

此外，徐志摩和其他新月社成员还排演了话剧《齐德拉》。《齐德拉》由泰戈尔改编自印度史诗《摩诃婆罗多》，讲述的是马尼浦国王齐德拉·瓦哈那的女儿齐德拉·安格达和爱人阿顺那的故事。在话剧中，林徽因扮演女主角齐德拉公主，徐志摩扮演爱神，张歆海[1]扮王子阿顺那，林长民饰春神伐森塔，袁

---

1. 张歆海（1898—1972），字叔明，浙江海盐人，外交家。1923年获哈佛大学英国文学博士学位，回国后先后执教于北京大学、清华大学、东南大学、光华大学。1928年开始从事外交工作，历任国民政府外交部欧美司司长、驻葡萄牙公使、驻波兰公使等职。

昌英演村女，丁西林[1]和蒋百里演村民，梁思成则担任舞台布景设计。这是当时国内第一场全英语演出的戏剧。他们出色的演出感动了观众，也感动了泰戈尔，获得了热烈反响。

那段时间，他们每天在一起排练话剧。林徽因和徐志摩因陪伴泰戈尔而朝夕相处，她被徐志摩的才华和风度折服。两人排练话剧四目相对时，林徽因感受到了徐志摩眼里的浓情，他爱得炽热。

然而，身在国内，徐志摩和林徽因的四周都是相识的好友，两人皆为文艺界的知名人物，梁启超更是家喻户晓的人物，林徽因和梁思成的婚约是众所周知的。因此，徐志摩和林徽因的暧昧再次闹得满城风雨，流言让林徽因的理智苏醒过来，她无法不顾念两家的婚约。经过一段时间的思考，林徽因决定和梁思成一起去美国留学。

5月20日，泰戈尔一行离开北京去太原，徐志摩陪同在侧。在车站，来给泰戈尔和徐志摩送行的人们向他们挥手告别，声势浩大，林徽因也在人群之中。徐志摩知道，再回北京之时，林徽因也许就已经随梁思成去了美国。临别之际，他心痛难忍，万般思绪直冲肺腑，千言万语，来不及一一言明。他想以写信的方式来向林徽因传达，没想到，信还没写完，火车就要开了。

---

1. 丁西林（1893—1974），原名丁燮林，字巽甫，江苏泰兴人，剧作家、物理学家、社会活动家。1914年入英国伯明翰大学攻读物理学和数学。1920年归国，历任北京大学物理系教授、中央研究院物理研究所所长。

徐志摩赶紧把信收好，想拿去给林徽因，却被恩厚之拦下。局外人知道，徐志摩这样的举动会给林徽因的声誉造成不好的影响。这封信最终也没有送出去，没人知晓他写了什么。

之后，徐志摩又陪泰戈尔去了日本，在离开日本之际，徐志摩写下了那首著名的《沙扬娜拉》，不知是否借由此诗在心里对那段感情说再见：

> 最是那一低头的温柔，
> 像一朵水莲花不胜凉风的娇羞，
> 道一声珍重，道一声珍重，
> 那一声珍重里有蜜甜的忧愁——
> 沙扬娜拉[1]！

泰戈尔回国后，与徐志摩一直保持书信来往，两人的友谊越发深厚。1930年，徐志摩在印度为泰戈尔庆祝七十大寿，并互相约定80岁还要再来为他庆祝。然而世事无常，1931年11月，徐志摩乘坐的南京飞北京的飞机发生空难。

1941年，已经卧床不起的泰戈尔仍不忘中国之行的日子，他临终前作诗一首：

1.沙扬娜拉，日语"再见"的音译。

在我生日的水瓶里

从许多香客那里

我收集了圣水,这个我都记得。

有一次我去到中国,

那些我从前没有会到的人

把友好的标志点上我的前额

称我为自己人。

不知不觉中外客的服装卸落了,

内里那个永远显示一种

意外的欢乐联系的

人出现了。

我取了一个中国名字,穿上中国衣服。

在我心中早就晓得

在哪里我找到了朋友,我就在哪里重生,

他带来了生命的奇妙。

在异乡开着不知名的花朵,

它们的名字是陌生的,异乡的土壤是它们的祖国,

但是在灵魂的欢乐的王国里

他们的亲属

却得到了无碍的欢迎。

回头看徐志摩与林徽因的感情,他们这样的结局似乎不可

避免。林徽因喜欢徐志摩的浪漫和潇洒，但她更加信任梁思成的踏实和可靠。徐志摩温柔多情，生性浪漫，是天生的情人，林徽因喜欢他的洒脱和诗人气质，却也因他的诗人气质而不安。而梁思成虽不如徐志摩那般浪漫，却能够给林徽因安全感和归属感。林徽因虽然接受了新式的思想教育，独立坚强，但她同时也是一个普通女子，因为家庭的原因，她或许比寻常女子还需要安全感，哪怕心里向往轰轰烈烈和电光石火，最后还是希望归于平淡和安稳。

张爱玲在《红玫瑰与白玫瑰》中写道：

> 也许每一个男子都有过这样的两个女人，至少两个。娶了红玫瑰，久而久之，红的变了墙上的一抹蚊子血，白的还是"床前明月光"；娶了白玫瑰，白的便是衣服上的一粒饭粘子，红的却是心口上的一颗朱砂痣。

对于爱情和婚姻来说，也许爱而不得才是最美的状态。"距离产生美"这句话不无道理，因为得不到，所以一切才会停留在最美好的时刻，哪怕曾有过裂痕，也会不知不觉地被时光的手修复成"床前明月光"和"心口朱砂痣"。而距离太近，便会渐渐发现对方身上的缺点，爱又使这些缺点被放大。有一天猛然发现：原来爱人并非想象的那般美好。这种发现演变成失望，而后失望又堆积成梦想的破灭，久之，"红玫瑰"变成了"蚊子血"，"白玫瑰"变成了"饭粘子"。再美好的初见也敌不过时间和柴米油盐，总会在某一瞬间变得面目可憎。

我相信，在徐志摩心里，林徽因是红玫瑰，美好得叫人自惭形秽。他一直把林徽因当作新式女性的典范，爱她的思想开放，不受世俗桎梏。然而林徽因早就清醒地意识到自己并非如此，在那个新旧交替的时代，她出生在名门望族林家，不可避免地带有一些传统的色彩，内心必定有一隅是保守而胆怯的。于情于理，林徽因都不可能和徐志摩走到一起。

多年后，林徽因对自己的子女谈起当年她与徐志摩的感情时说："徐志摩当时爱的并不是真正的我，而是他用诗人浪漫情绪想出来的林徽因，可我其实并不是他心目中所想的那个人。"林徽因的儿子梁从诫在《倏忽人间四月天》中回忆母亲时也说："像她这么一个在旧伦理教育熏陶下长大的姑娘，竟会像有人传说的那样，去同一个比自己大七八岁的已婚男子谈恋爱，简直是不可思议的事情。"

于是，徐志摩和林徽因之间的爱情纠葛就这样以林徽因和梁思成步入婚姻殿堂落下了句点，但他们的友谊一直伴随了两个人的一生。

第四章 暧昧的擦肩

—— 与凌叔华

十足文艺范

回溯与徐志摩产生交集的人,他们身上的才学和气质大多皆有家学渊源,凌叔华也是如此。她祖籍广东番禺,生于书香世家。

凌叔华的父亲名叫凌福彭,字润台,是光绪十九年(1893年)的举人,与"戊戌变法"中的维新派人士康有为同榜进士。他有过长期的从政生涯,历任清朝户部主事兼军机章京[1]、天津知府兼天津工艺局及习艺所督办等,辛亥革命后,还曾任北洋政界约法会议议员、参政院参政。

凌福彭是一位典型的文人墨客,通晓诗词歌赋,在绘画方面拥有很高的造诣,与齐白石、姚茫父、周启祥、金城、王梦白、陈半丁等著名画家皆有来往。凌叔华小时候,家里就不断有文人墨客进进出出。

在这种文学艺术交流频繁的氛围中,凌叔华也爱上了绘画。6岁的时候,她用木炭在花园的墙壁上涂鸦了许多风景画,她父

1."章京"是满语"将军"的音译,清代早期为武官的称呼,后不限于称武官。军机章京,即军机处司员。

亲的一位画家朋友看到后称赞道:"你的画很有风格。你有天才,你会成为大画家的。我要跟你父亲讲,让他给你找一位老师……"于是,家里就给她先后找来了当时著名的艺术家缪素筠、王竹林、郝漱玉教她画画,这使她从小就有了深厚的艺术欣赏力和绘画功底。她的英文启蒙老师则是怪杰辜鸿铭,这就使她有了一定的古典诗词和英文基础。

1922年,凌叔华22岁的时候,考入了燕京大学预科的英文科。在燕京大学的时候,她主修英语、法语和日语,与冰心同窗,还去听过散文大家周作人的课。凌叔华的画作淡雅灵动,没有浓重的色彩,但是有着直击人心灵的力量。她本人也和画作一样,清秀淡雅,风致无限,和名冠一时的陆小曼是闺中好友。

1924年泰戈尔访华期间,凌叔华作为燕京大学的学生代表迎接泰戈尔。不久,齐白石、陈师曾等人组织北京画会的人在凌府聚会,邀请了陪同泰戈尔访华的印度画家兰达·波士,那次,泰戈尔、徐志摩、陈西滢、胡适等人都来了。徐志摩和陈西滢也因此结识了凌叔华,此后,他俩便经常拜访凌府。

聚会前,凌叔华的母亲向她提议只喝茶,不备饭。凌叔华听从了母亲的建议,提前预订了玫瑰花饼,又备好自家小磨磨出的杏仁茶以接待来宾,这次聚会赢得了众人的称赞。凌叔华晚年回忆说,在泰戈尔访华的那次茶话会上,她当着众人的面问泰戈尔:"今天是画会,敢问你会画吗?"旁边有人严厉地斥责她"勿无礼",她也不在乎。结果泰戈尔真的坐下来,在她备好的檀香木片上画了一些佛像、莲花，还连连鸣谢。借由这次机会，她顺利地留下了泰戈尔的墨宝。

徐志摩和凌叔华相识的时候，正值徐志摩追求林徽因失败。徐、凌二人年龄相近，志趣相投，便很快熟络起来，他们半年内光通信就七十几封。徐志摩对凌叔华有极高的评价，他称凌叔华为"中国的曼殊斐尔"。徐志摩在英国拜访过曼殊斐尔，他把"中国的曼殊斐尔"这项桂冠颁给凌叔华，可见他对凌叔华是很欣赏了。那时，林徽因还未过多地展露其才华，凌叔华的影响要超过林徽因。

徐志摩在给凌叔华的信里称其为×，在一封信里，他写道：

> 说也怪，我的话匣子，对你是开定的了，管您有兴致听没有，我从没有说话像对你这样流利，我不信口才会长进这么快，这准是×教给我的，多谢你。我给旁人信也会写得顶长的，但总不自然，笔下不顺，心里也不自由，不是怕形容词太粗，就提防那话引人多心，这一来说话或写信就不是纯粹的快乐。对你不同，我不怕你，因为你懂得，你懂得因为你目力能穿过字面，这一来我的舌头就享受了真的解放，我有着那一点点小机灵就从心坎里一直灌进血脉，从肺管输到指尖，从指尖到笔尖，滴在白纸上就是黑字，顶自然，也顶自由，这真是幸福。

他们两人是否曾产生过爱情，我们不得而知。可以肯定的是，他们之间的感情早已超出了普通朋友的情谊，更近似于灵魂相通的高山流水，琴音相和，那是一种精神层面的默契。徐志摩无需顾虑，只管写，想写什么便写什么，因为他知道，信那端的×是完全理解他的。

一时间，徐志摩和凌叔华过于频繁的来往，导致关于他们两人在交往的谣言四起，甚至徐申如都以为他下一个儿媳妇会是凌叔华。

但是，就在这段时间，徐志摩在一次偶然去王赓家吃饭的时候，遇见了凌叔华的好友陆小曼，也就是王庚的夫人。他一下子就爱上了这位"社交皇后"，随即坠入了与陆小曼的感情纠缠中。所以面对他与凌叔华的流言时，他选择沉默和冷却。

而这边，凌叔华对外澄清说："我要声明我与志摩永久是文学上的朋友，写此信纯粹本于爱护同道至诚而已。" 1926年6月，凌叔华从燕京大学外文系毕业，之后与发表了她的成名作《酒后》[1]的《现代评论》主编陈西滢渐渐走到了一起，两人于当年7月结婚。

1.《酒后》是凌叔华奠定其文坛地位的成名之作，于1925年1月10日发表在《现代评论》第一卷第五期。

耳边的呢喃

凌叔华已经和徐志摩的好友陈西滢结为夫妻，那么，徐志摩和凌叔华又是什么关系？他们之间的故事在当时引发了很多猜测。回到徐志摩遇见凌叔华的那段时间，失去了林徽因的他还没有完全从情伤中走出来，恰好这时凌叔华出现了。她才华横溢，善解人意，在燕京大学学习西方文化，对于迷茫失意的徐志摩来说，凌叔华无疑是令他眼前一亮的存在。或许，凌叔华的出现让徐志摩深刻意识到人生的选择并不是只有一种，沉湎于过去对于未来毫无用处。徐志摩知道，凌叔华已有陈西滢在侧，因此他基于对凌叔华的欣赏，请她做他的"灵魂通信员"。凌叔华亦钦佩徐志摩的才华和学养，将他视为知己。徐志摩在信里和凌叔华诉说着自己的快乐和哀愁，他终于找到了倾诉的对象，他对凌叔华有一种莫名的信任感。和凌叔华倾诉，他无须担心被嘲笑或者不被理解，无需隐瞒自己的真实想法和真情实感，她总能在第一时间理解并回应他的想法。在凌叔华面前，徐志摩是自由的、没有拘束的。

除了通信,凌叔华和徐志摩在文学上也有很深的交集。在新婚后不久,凌叔华绘制了一张贺年卡——《海滩上种花》,画的是一个天真的小孩子在海滩上种花。徐志摩后来在北师大附中做了一个同名的演讲:"我的朋友是很聪明的,她拿这画意来比我们一群呆子,乐意在白天里做梦的呆子,满心想在海沙里种花的傻子……"徐志摩还曾为凌叔华的第一部小说集《花之寺》作序,那是他人生中第一次也是最后一次为他人作序。有往有来,徐志摩的第一部诗集《志摩的诗》扉页上的题词"献给爸爸"是出自凌叔华之手,徐志摩接编《晨报副刊》以后,还请凌叔华描摹了副刊的刊头。

1925年,徐志摩和陆小曼的恋情闹得满城风雨,徐志摩便想去欧洲暂避风头。临行前,他把装有重要日记和书信的箱子交给凌叔华保管,一是因为陆小曼处境同样不好,二是箱内有"不宜陆小曼看"的东西。

当时,针对徐志摩、凌叔华和陆小曼三个人关系的猜测有很多,凌叔华写信给胡适时说:"志摩常与我写信,半疯半傻地说笑话自娱,从未有不可示人之语。""其实我们被人冤的真可气,我自始至今都想,志摩是一个文友,他自今也只当我是一个容受并了解他的苦闷的一个朋友。"晚年的凌叔华这样谈起她和徐志摩的关系:"我对志摩向来没有动过感情,我的原因很是简单,我已计划同陈西滢结婚,小曼又是我的知己朋友。"凌叔华的话留有余地,令人不禁想问,如果没有陈西滢和陆小曼,她和徐志摩是否会终成眷属?

毫无疑问的是,凌叔华和徐志摩是惺惺相惜的,他们有着与别人不及的默契和信任。这是陆小曼和林徽因都不曾做到的。

1931年,徐志摩乘坐的飞机失事后,他存放在凌叔华处的八宝箱引发了一场公案。由胡适领头的编辑委员会打算编写一本《徐志摩全集》,将徐志摩的作品全部搜集起来,除了已经发表的诗歌、散文,还包括未发表的手稿、日记、通信等,用以悼念徐志摩。

由于八宝箱中除了徐志摩的手稿和通信之外,还存放着他用英文写的《康桥日记》,记录的是1921到1922年间他在伦敦的生活,这刚好是徐志摩和林徽因交往的时间。林徽因告诉胡适,徐志摩在生前曾对她说,他的《康桥日记》里有写到她,将来是要送给她做纪念的,所以她想拿到那本日记。而胡适要编《徐志摩全集》,也需要一些徐志摩未发表的作品。于是由胡适出面和凌叔华进行交涉,要她交出八宝箱。起初,凌叔华是不想交出来的,但在不少人的呼吁下,她还是交了出来。拿到《康桥日记》后,林徽因看着这本记录了徐志摩在异国点滴生活的日记本,心中对徐志摩的怀念越发浓烈。可是就在她看到最重要的部分——也就是写到自己的时候,她发现日记中缺少了4页。为此,林徽因去找凌叔华讨要,但是凌叔华一直回避,本来约好在某一天林徽因上门去取,凌叔华却临时放了她鸽子。直到最后,林徽因也没有看到那四页内容,她俩因为"八宝箱事件"闹到了老死不相往来的地步。

凌叔华和陈西滢的感情后来也出现过波折。1929年,她跟随陈西滢去武汉大学任教,远离了北京城的文化圈。1935年,武汉大学聘请了一位名为朱利安·贝尔[1]的年轻英国诗人来校任教,由凌叔华夫妇负责照顾和接应,而朱利安却爱上了凌叔华。凌叔华开始还很克制和远离,没想到随着共事的机会越来越多,她陷入了朱利安的情网。但朱利安只是与她恋爱,却闭口不谈将来。更让凌叔华没想到的是,朱利安还背着她与其他女人交往。直到他们的恋情在校园里闹得沸沸扬扬,陈西滢才发现了妻子的外遇。这场闹剧最终以朱利安的离开、凌叔华回归家庭落幕。1937年7月,朱利安在西班牙内战中阵亡,他在临死的时候说:"我一生渴望两件事——有个美丽的情妇;上战场。现在我都做到了。"

1946年,陈西滢受国民政府委派,赴巴黎出任常驻联合国教科文组织代表,然而他的薪水不足以支撑巴黎昂贵的生活费用,只得远住伦敦,需要开会时才去巴黎。第二年,凌叔华带着女儿陈小滢到伦敦与陈西滢团聚,从此定居欧洲。1970年,陈西滢过世,那时他已经和凌叔华在欧洲旅居了23年。凌叔华带着他的骨灰回国,把他安葬在了江苏无锡老家。1989年,在国外旅居了数十年的凌叔华回到北京,回国第二年便病逝了,

---

1. 朱利安·贝尔(Julian Bell, 1908—1937),英国诗人。

享年90岁。弥留之际，凌叔华一遍一遍念叨的不是陈西滢的名字，也不是朱利安的名字，而是那个她亲口否认了暧昧关系的徐志摩。她似乎想要留下一点儿什么，就拿起笔在纸张上画了一堆横横竖竖的线条。她的女儿说，这是她生命中最后的一片叶子。

如今，我们穿过时间的海洋，试图去开启百十年前尘封的一些暧昧和悸动。他们之间曾经的感情，作为后人的我们无从去了解，因为感情本就不是一汪清澈见底的泉水，而是越搅拌、越寻觅，反而越迷茫的沼泽。越探究、越想弄清楚，反而越无力。

我想，当年凌叔华与徐志摩往来了那么多书信，交换了那么多秘密，内心也并非没有暗涌过。只是，因为徐志摩没有公开承认他们的关系，所以凌叔华说自己从未爱过他，是女人本能的自尊心让她否认了这场恋情。她大概也感受到徐志摩那颗不确定的心，这样看来，在爱情面前，凌叔华和林徽因一样，都是理性的女子。

第五章

『得之,我幸』

—— 与陆小曼

笼中的画眉

在徐志摩短暂的一生中,有许多女人的名字紧紧围绕着他,而摆在最中间、最显眼的,是陆小曼。

陆小曼出生于1903年的农历九月十九,据说那一天正好是观音菩萨的生日。陆家认为这是一个好彩头,认为陆小曼生来就注定是不平凡的。于是,陆家上下都称呼她为"小观音"。

陆小曼的父亲陆定是清朝举人,做过北京贝子贝勒学校的老师,写得一手好文章。他毕业于日本帝国大学,是日本名相伊藤博文的得意门生。后来,他参加了孙中山先生的同盟会,回国后曾担任北洋政府的赋税司长和财政部司长,在金融界也有一定的地位。

陆小曼的母亲吴曼华出身于江南的一个大家族。她精通古文绘画,知书达理,气质贤淑,是典型的大家闺秀。陆定在贝子贝勒学校做老师时,曾把学生的作文带回来批改,吴曼华也帮着丈夫一同批改。从吴曼华身上,或可瞥见陆小曼风韵气质的来源。陆小曼完美地继承了母亲的雅致,却又脱胎于母亲,打磨出了自己的个性和味道。

吴曼华一共生了9个孩子，但只有陆小曼活了下来。因此，陆小曼从小就被陆家奉为掌上明珠，集万千宠爱于一身。在家境殷实的陆家，她贵为千金小姐，吃穿用度都是最好的。家里有为她专门安排的厨子、司机，身边伺候她的仆人数不胜数。陆小曼在穿衣方面更是奢华，听说她有十口镶金的大衣箱，裘皮大衣挂满了大大的橱柜。她还喜欢穿时尚的旗袍，她最爱的一件旗袍上镶满了红宝石和金丝线。她还有专门的裁缝为她量体裁衣，以制作最适合她尺寸的衣服。她从小就是被富养着长大的，生长在这样的环境里，陆小曼对一切都要讲究，她从来不知道"自食其力"是怎么一回事。

陆家是江苏常州的名门望族。和徐志摩一样，陆小曼从小就接受中国传统教育，打下了深厚的古文基础。她很会写旧诗，她的旧诗清丽脱俗，曾有人评价她的旧诗有明清风度。此外，她还精通绘画，画家刘海粟评价她的画说："她的工笔花卉和淡墨山水颇见宋人院本的传统。"

陆小曼15岁时，父亲把她送到了法国人创办的北京圣心学堂学习。陆小曼聪明活泼，表达能力很强，英语、法语都讲得很好。毕业后，她被推荐到外交部参加接待外国使节的工作。因此，她经常被请去参加外交部举办的舞会，在其中充当口语翻译。三年的外交工作使得陆小曼脱去了身上的稚气和懵懂，她也从一个传统的大家闺秀脱胎成了一个善于展现自己光芒和魅力的名媛。她喜欢热闹的社交场合，享受一出场便成为全场焦点的感觉。社交成为她生活中的重要部分。在戏院或舞会上，常常有十几二十人——中国人或外国人，帮她拿包，围着她，而她对这些追捧的人却显得漫不经心。

在外交部的工作，很能看出陆小曼的气质和风度。在一次外交接待工作中，中国仪仗队在法国的霞飞[1]将军面前演练时阵列混乱，霞飞将军借此机会说了一些贬低中国的话。陆小曼不气不恼，笑着说道："因为您是举世瞩目的英雄，连仪仗队见到您都被您的气度折服，动作无法整齐。"短短一句话，既给霞飞将军恰到好处的夸奖，让他不好再多言，又巧妙地缓解了紧张尴尬的气氛。

在口蜜腹剑的社交场，陆小曼能从容地应对各种不怀好意的刁难和不尊重。她爱憎分明，敢做敢当，会审时度势，察言观色，大小事情总能把握好分寸，嬉笑怒骂皆成文章。几番诸如此类的较量下来，她成为名副其实的"社交皇后"，她和上海的唐瑛[2]被并称为"南唐北陆"。她若一直接受的是中国传统教育，待字闺中，没有这些风头，应该也是出落成母亲吴曼华那般人物。可她终归还是不同的，她接受过西式教育和思想，

---

1. 全名为约瑟夫·雅克·塞泽尔·霞飞（Joseph Jacques Césaire Joffre，1852—1931），法国元帅、军事家，第一次世界大战初期的法军总指挥。

2. 唐瑛（1910—1986），民国名媛，毕业于上海教会贵族学校中西女塾。她多才多艺，嗓音甜美，身材苗条，衣着前卫。

比起母亲，她更懂得张扬个性，展现自己的优点。并且她懂得其中的尺度，既有个性又不会拒人于千里之外，吸引了更多人趋之若鹜，念念不忘。

陆小曼游戏于社交场，如同一只蝴蝶，在花丛间乐此不疲地飞来飞去，追逐她的人不知她会为哪一朵花停留，她也从没有认真地想过自己会与谁相伴一生。当父母宣布她未来的丈夫就是所谓"门当户对，郎才女貌，十分相配"的王赓时，她接受了。两人相识不到一个月便迅速成婚，那时陆小曼只有19岁。

王赓祖籍江苏无锡，生于1895年的春天。他本是官宦子弟，由于家道中落，不得不发奋读书。王赓少年时天资聪颖，进入清华大学堂学习。1911年，王赓从清华大学堂毕业，被选中前往美国公费留学。王赓沉着勇敢，热爱祖国，身处异乡的他不忘饱受摧残的祖国，凭着自己的努力，先后在密歇根大学、哥伦比亚大学、普林斯顿大学历史和政治系学习。1915年，王赓在一百余位学生中以第十四名的成绩毕业，美国的西点军校向他递来了橄榄枝。在军校的日子里，他常常思念祖国，想到国家正是新旧交替、战火纷扰的时候，心中就昂起了斗志，愈加勤勉。在对自己严苛的要求下，1918年，王赓从西点军校以第十名的成绩顺利毕业，回到了他日思夜想的祖国。他曾在巴黎和会期间任中国代表团的上校武官，回国后担任航空局委员。与陆小曼成婚时，年纪轻轻的他已经是陆军上校。

1922年，陆小曼和王赓在北京金鱼胡同"海军联欢社"举办了隆重的婚礼。婚礼由陆家全额资助,光伴娘就有9个,并且都是当时社会名流的女儿们,她们的服装也全由陆家负责定制。北京城很多知名人物到场见证了这位"社交皇后"和一位平步青云的青年才俊的结合。

然而,结婚的喜悦随着婚礼的结束也渐渐消失。在那样的年代,女子一旦成婚,便不能频繁地抛头露面,这意味着她们只能在家相夫教子,服侍公婆。很多女人一生最高光的时刻,便是婚礼的那几个时辰,婚礼结束了,灯光熄灭了,迎接她们的就是平常的日子了。陆小曼是接受了西方思想和教育的,况且,她长期活跃于交际场,心里装的必定不是那一小方院子上的四角天空。已经在天上无拘无束翱翔惯了的百灵鸟,怎么会安心做一只被圈养在笼子里的金丝雀,一旦她变成了传统意义上的有夫之妇,从前那些被追捧和簇拥的感觉也会随之远去。陆小曼在日记里写道:"她们看来夫荣子贵是女子的莫大幸福,个人的喜、乐、哀、怒是不成问题的,所以也难怪她(母亲)不能明了我的苦楚。"告别众星拱月般的生活,从此只为一人洗手做羹汤,于她而言,这是难以做到的。她不想自己的生活从此只有丈夫和家庭,她也要有自己的生活和社交自由。

陆小曼心中理想的伴侣是体贴、浪漫的。她爱玩,她希望能有人陪她一起玩。一场戏剧,总归要有两个主角,否则只是一场独角戏,对白也会变成独白。她对王赓倾泻出去的热情像打在棉花上的拳头,得不到回应;她对着王赓喊一声,如同对着山谷喊了一声,只有自己的声音在寂寥地回响。

王赓虽然同样从海外归来,接受过西方思想和教育的洗礼,却难以拿捏陆小曼这样如火一般热烈的女子。对于女子,他是木讷而不解风情的。他是一介武官,在外戎马驰骋,家对于他来说,是养精蓄锐的港湾。回到家里,他想脱下一身戎装,卸下一身防备,与温柔如水的妻子温存,他渴望妻子无微不至的体贴。他不是不爱陆小曼,只是不善于表达,不会揣测女子的心思。如果他遇见的是一个安于持家,以夫为天的小家碧玉,那么他一定是一个优秀的丈夫。可他碰上的是陆小曼,是社交场上的女王。两人注定很难合拍,因为他们谁都无法迁就对方,无法知道对方要什么。

结婚半年后,两人陷入了尴尬的境地。直到有一天,徐志摩出现了。

相遇在星河

　　这样的生活一直到无意间认识了志摩，叫他那双放射神辉的眼睛照彻了我内心的肺腑，认明了我的隐痛，更用真挚的感情劝我不要再在骗人欺己中偷活，不要自己毁灭前程，他那种倾心相向的真情，才使我的生活转换了方向，而同时也就跌入了恋爱了。

　　陆小曼在日记中用这样轻柔、坚定的语气，道出了她与徐志摩相遇时碰撞的火花。陆小曼在文中的语气一向是这样清淡，看不出她在生活中是怎样一个光芒四射的女子。

　　陆小曼与徐志摩是在1924年相识的。据陆小曼的好友，同时也是徐志摩好友郁达夫的妻子王映霞说，他们是在一场舞会上相识的。有过留学经历的徐志摩一贯对这些社交礼仪十分熟识，也常常出没于各种舞会，他的风头自然盖过了在场的其他男子。而陆小曼作为北京的社交皇后，其风姿之绰约，是其他女子所不能比的。两颗孤独的心，就这样碰撞在一起了。在陆小曼看来，徐志摩与棋盘式规划整齐的王赓不同，他是跳动的溪水、飞扬的火苗。和陆小曼一样，徐志摩在社交场上也是个点睛式的人物，无论在什么地方，只要有他在，任何人都会立刻忘却烦恼，融化在他的热情里。

徐志摩所具有的生活情趣，王赓也远远不及。徐志摩喜欢跳舞、看戏，也喜欢演戏；他喜欢游山玩水，在山水间讨论人生哲学、生活艺术；他抽烟、喝酒，却不是瘾君子；他喜欢漂亮女人，追逐她们、赞颂她们，涉足花间却不沉溺其中，浪漫而不颓废。

徐志摩一直想轰轰烈烈、不留退路地爱一回，对于他这样一个遵从内心的人来说，适不适合不重要，想不想要才是最重要的。而他想要的是一个能与他一起对抗世界、不问前路的爱人，这样的爱，张幼仪给不起，林徽因没有勇气给，凌叔华给不了，只有陆小曼给了。失去林徽因的徐志摩遇上了温柔美丽的陆小曼，而在婚姻中倍感困扰的王太太遇到了浪漫多情的诗人。诗人性格的徐志摩无法遏制感情的蔓延，他便常常往王家跑，约他们夫妻俩看戏跳舞、喝茶游玩，陆小曼的一举一动、一颦一笑都牵动着徐志摩的心。当他们四目相接的时候，语言都是苍白的，一个眼神，就已经了然彼此的心意，就这样，他们无可救药地跌入了不伦之恋中。

其实，早在1924年春泰戈尔访华的时候，陆小曼的身影已经悄悄在不起眼的角落里出现过，只不过那时，林徽因才是徐志摩的女主角，他眼里只有林徽因。在《齐德拉》那出戏中，林徽因是被追光灯追着跑的主角齐德拉公主，徐志摩饰演的爱神玛达那，对着她说出大段大段充满爱意的台词，而陆小曼却在门口派发话剧的介绍资料和传单。原来，翻手为云、覆手为雨的命运在那时便已设下如此意味深长的伏笔。

后来，徐志摩和陆小曼一起喝茶看戏，谈天说地，吟诗作画。1924年夏，已是新月社核心成员的陆小曼和徐志摩组织了一场戏剧《春香闹学》，徐志摩饰演老师，陆小曼演女主角春香。她终于摇身一变，从派发宣传册的配角变成了主角，两人本就互相欣赏，情愫渐生，假戏真做。后来，当他们在一起后，徐志摩问陆小曼："今晚在真光[1]我问你记否去年第一次在剧院觉得你发鬓擦着我的脸。"这里"第一次在剧院"指的就是那场《春香闹学》。他们两人这样一往来，无异于天雷勾地火，爱情的火苗呼的一声蹿了出来。

徐志摩把陆小曼当成头顶上的一颗明星，陆小曼的生活也豁然开朗了起来，眼前的迷雾消散开来，她看见了爱情的轮廓，她说："自从见着你，我才像乌云里见了青天。"

徐志摩与陆小曼过于密切的交往，免不了要遭受一些指责和非议。面对外界的诸多指责，徐志摩心里不是没有一丝畏惧。可是转而想到自己毕生所求不就是灵魂之伴侣吗？若能与小曼

1.真光，指位于北京城东安门外大街的真光电影院，1921年开业，现为中国儿童剧场。

终成眷属，夫复何求？他遵从自己的内心，既已爱了，便坦然应对，无愧天地。可是劈头盖脸的风浪却由不得他，舆论施加的压力通通压在了他的肩上。徐志摩曾写过一首诗《这是一个懦怯的世界》，其中有一节是这么写的：

> 我拉著你的手，
> 爱，你跟著我走；
> 听凭荆棘把我们的脚心刺透，
> 听凭冰雹劈破我们的头，
> 你跟著我走，
> 我拉著你的手，
> 逃出了牢笼，恢复我们的自由！[1]

这首诗写于1925年2月，正是徐志摩与陆小曼相爱之时。五四运动和新文化运动打开了思想解放的大门，新青年们对于爱的追求，是无可厚非的。但夺人之妻，无论在现在还是当年，都要承受道德上的谴责，尤其是徐志摩与陆小曼这样的公众人物，所受的压力更大。

徐志摩和陆小曼的感情，被千夫所指。恐怕只有徐志摩的朋友——胡适、郁达夫和刘海粟，还愿意与他同坐一条船。一

1.《这是一个懦怯的世界》全文见本书附录。

探这三位的感情经历,便知他们为什么会和徐志摩同声同气。其实,胡适、郁达夫、刘海粟都是被困于包办婚姻牢笼里的人。胡适早年一直试图摆脱家中虎妻江冬秀,他也曾恋上过风情雅致的陆小曼,但他更爱名,爱面子,不愿自己在社会上的名声因婚外情受损。江冬秀抓住他的这一弱点,死缠烂打,他只能接受现实,断了这玫瑰色的念想,在旧式婚姻里待了一辈子。

郁达夫家有一个孙荃,他的经历和徐志摩几乎一模一样。孙荃是郁达夫的母亲为他安排的妻子,他起初也对包办婚姻十分抵抗,但母命难违。后来,郁达夫偶遇"杭州第一美人"王映霞,被她的才华和美丽吸引,无法自拔。对于郁达夫与王映霞的恋情,孙荃起初也是极力反对,甚至以死相逼,但最终还是选择退出,成全了郁达夫与他的新欢。

刘海粟也是一个挣脱了传统婚姻的新派人物,从他采用人体模特作画便可看出,他与徐志摩一样,不害怕离经叛道,只害怕被束缚手脚。相同的经历,使得他们互相理解,郁达夫说:"志摩和小曼的一段浓情,若在进步的社会里,有理解的社会里,这一种事情,岂不是千古的美谈?"刘海粟也说:"可爱可敬的小曼,当年就是在那些自以为是反封建实际上封建得可以的文人雅士们的唾沫中遭际不幸的。"

但伦教纲常、宗法家风,对这两个已经陷入爱情旋涡的人来说,早已视而不见。爱情之路尽管坎坷,他们二人也不曾放弃。1925年9月,王赓任孙传芳五省联军参谋长之时,催促远在北京的陆小曼回到上海。陆小曼在北京时,与母亲住在一起。陆小曼的母亲始终不愿意放弃王赓这个女婿,觉得对他有所亏欠,她还担心王赓受不了自己的妻子爱上别的男人,会伤害陆小曼,所以也赶陆小曼回上海。陆小曼返回王家之后,同在上海的徐志摩却受阻无法与她见面,这使得徐志摩异常惆怅苦恼,随后他只好回到了北京。

回北京后,徐志摩请胡适想办法帮忙,未果,又找到了陆小曼的老师刘海粟。陆小曼与刘海粟的相识也是在1925年。那时候胡适与刘海粟、徐志摩一起到王赓家做客,刘海粟偶然看到了陆小曼的画作,对陆小曼说:"你的才气可以在画中看到,有韵味,感觉很好,有艺术家的气质,但笔力还不够老练,要坚持画下去,一定能成为一个好画家。"可是陆小曼却苦于没有一个好老师,这时候胡适说:"海粟,你应该收这位同乡女弟子,她是很有天赋的!"于是,陆小曼顺理成章地成为刘海粟的弟子。

大多数人都只知道陆小曼和徐志摩的情史,而忽略了她在绘画上的成就。事实上,陆小曼的画作两次入选全国美术展,她还是上海中国画院专业画师、上海美术家协会会员。

刘海粟向来以"叛逆"知名,他决定亲自出马,拜访陆小曼的母亲吴曼华。但吴曼华还是考虑到王赓的声誉,不想放任女儿的任性,最后刘海粟向她打包票:"我会想一个办法,照顾大家的面子。"于是就有了那场关于爱情和幸福的鸿门宴。

最后的婚礼

刘海粟到上海的第三天，在功德林饭庄举行了一次宴会，陆小曼的母亲吴曼华、演员唐瑛兄妹以及张幼仪的二哥张君劢都在场。那场宴会上，刘海粟对婚姻提出了很多看法，发表了很多见解，并表明了自己的婚姻观："夫妻双方应该建立在人格平等、感情融洽、相互理解的基础上。妻子绝不是丈夫的点缀品，妻子应该是丈夫的知音。"他又引经据典地讲述了没有爱情的婚姻是如何不幸。张君劢也在一旁敲边鼓。接着，刘海粟讲到兴味的地方，他说："来，我们祝愿天下夫妻都拥有幸福美满的婚姻！干杯！"

王赓听罢，沉默了一会儿，举着杯子站起来，说："祝大家都能创造幸福，也为别人的幸福干杯。"他仰颈喝干，苦酒入喉，各种复杂的情绪积攒在心头。他们这般大动干戈，却像是他王赓无理取闹，胡搅蛮缠。他们劝他放手，可谁能来尝一尝他心里的苦？长叹一声，罢了罢了……两个月后，王赓同意离婚。

这无疑给徐志摩和陆小曼这段陷入困境的爱情带来了曙光。王赓对刘海粟说："我并非不爱小曼，也并不舍得失去小曼。但是我希望她幸福。她和志摩两人都是艺术型人物，一定能意气相投。今后作为好朋友，我还是可以关心他们。"王赓对陆小曼何尝不是爱，他以自己的退出成全了所爱之人的碧海蓝天。

在正要与王赓离婚的时候，陆小曼却发现自己已经怀有身孕，孩子是王赓的。她没有告诉王赓和徐志摩自己怀孕的消息，不顾母亲的劝阻，跑到德国去堕胎。

精神上，陆小曼终于恢复了自由，她孑然一身，投入徐志摩的怀抱。而肉体上的苦痛却伴随了她的一生，陆小曼本就体弱，加上堕胎，且手术并不成功，身体越发虚弱，以至于她不仅失去了生育能力，晚年还缠绵病榻。走过便会留下痕迹，命运以这样的方式，在陆小曼的身上刻下了一道终生未愈的伤痕。

尽管陆小曼成了自由身，但若要成婚，还要征得双方父母的同意。徐申如的态度没有缓和，他依然反对徐志摩与陆小曼在一起。他不明白，为什么徐志摩会抛弃知书达理、端庄贤惠的张幼仪转而想娶这样一个有夫之妇。徐志摩软硬兼施，百般劝说，徐申如终于松口了。他说："若是张幼仪同意你再婚，就随你去吧。"张幼仪从德国归来，同意了徐志摩和陆小曼的婚事，对于她和徐志摩的关系，她早已清醒，既然无法强求，不如放手成全。徐志摩又继续软磨硬泡，终于说动了吴曼华。两家父母总算都点头应允。但是徐志摩还被要求邀请梁启超来为他和陆小曼证婚。

1926年的10月3日,是农历的七月初七,徐志摩与陆小曼在北京北海公园成婚。婚礼热闹非凡,来了很多名流,而这段婚姻的促成人之一胡适却因为出国缺席。两家父母虽然点头答应了婚事,但无法抹去心中的怨怼,他们都没有出席婚礼。梁启超虽然做了证婚人,但在婚礼现场却对着徐志摩劈头盖脸一阵痛批:

> 我来是为了讲几句不中听的话,好让社会上知道这样的恶例不足取法,更不值得鼓励——
>
> 徐志摩,你这个人性情浮躁,以至于学无所成,做学问不成,做人更是失败,你离婚再娶就是用情不专的证明!
>
> 陆小曼,你和徐志摩都是过来人,我希望从今以后你能恪遵妇道,检讨自己的个性和行为,离婚再婚都是你们性格的过失所造成的,希望你们不要一错再错自误误人。
>
> 不要以自私自利作为行事的准则,不要以荒唐和享乐作为人生追求的目的,不要再把婚姻当作是儿戏,以为高兴可以结婚,不高兴可以离婚,让父母汗颜,让朋友不齿,让社会看笑话!
>
> 总之,我希望这是你们两个人这一辈子最后一次结婚!这就是我对你们的祝贺!——我说完了!

尽管受了一些"羞辱",但婚礼也算是顺利结束了,而陆小曼——这个传奇又迷人的女子,这个北京城中不可不看的一道风景,终于成了徐志摩的妻子。他们在寻求爱情的自由之路上,终于手拉着手,摆脱了刺脚的荆棘,穿过了硕大的冰雹,逃出了世俗的牢笼,在这个懦怯的世界里,得到了他们想要的恋爱。

两个志趣相投的人的婚姻,自然是快乐的。爱看戏,想做戏就是这二人最大的共同志趣了吧!婚前,碍于声誉,碍于身份,碍于种种因素,他们并不能肆意地去戏园子里享受这共同的乐趣;而婚后,他们不仅可以名正言顺地去戏院看戏,而且还共同创作了《卞昆冈》这一部五幕话剧。

对于他俩的爱情,郁达夫学了电影《三剑客》里的话说:"假使我马上要死的话,在我死的前头,我就只想做一篇伟大的史诗,来颂志摩和小曼。"在郁达夫看来,徐志摩和陆小曼冲破世俗眼光终成眷属的勇气是戏剧性的,是震撼的。连他也想作文来歌颂的爱情,一定拥有着令他敬佩、神往的部分。郁达夫在多年以后作文表达了对徐志摩和陆小曼的敬佩:"忠厚柔艳如小曼,热烈诚挚若志摩,遇合在一道,自然要发放火花,烧成一片了,哪里还顾得到纲常伦教?更哪里还顾得到宗法家风?当这事情正在北京的交际社会里成话柄的时候,我就佩服志摩的纯真与小曼的勇敢,到了无以复加。"[1]

1.本段中的引用均出自郁达夫的散文《怀四十岁的志摩》。

背道的驰行

1926年10月15日,婚后不到两周,徐志摩与陆小曼便去了上海,短暂停留之后,于11月16日回到硖石。徐申如特地为新婚夫妻建造了一栋两层的楼房。徐志摩非常喜欢这栋楼房,在两人未正式结婚之前,他在给陆小曼的信上已经描述了这栋居所:"已决定置冷热水管,楼上下房共二十余间,有浴室二,我等已派定东屋,背连浴室,甚符理想……"

在上海的时候,陆小曼的生活是"每天九点前后起床,整天就管吃,晚上八点就往床上钻,直嚷冷",徐志摩则对妻子爱得无以复加,非偎得她身上像着了火,自己却受了凉。到了硖石后,陆小曼也保持着从前的生活方式,每天睡到中午才起床,墨水一定要用北京产的,手帕一定要用国外的。而在家务和女红方面,什么忙都帮不上,与张幼仪形成了鲜明的对比。徐申如看不惯她的大小姐派头,对此十分不满。

但毕竟她是徐家媳妇,徐申如还是想把将来属于徐志摩的家业交给陆小曼来管理,但遭到了徐志摩的拒绝,他认为陆小曼不适合做这些事,他的理由是:"小曼最怕数字的,要她管钱肯定不行。"新婚的徐志摩处处维护陆小曼,不准父母说她半个不字,这让徐申如更生气,于是,他带着妻子去了北京投靠张幼仪。徐申如的做法让陆小曼很尴尬,变得郁郁寡欢,但她也不会做出改变去挽回局面。

没过多久,到了1926年12月,徐志摩和陆小曼也因为浙江战事[1]而搬去上海避难。对于举家搬迁一事,徐志摩没有那么悲观,反而认为换一个地方,换一个环境,能让陆小曼在生活和思想上发生"可喜"的变化,扭正她顽劣不驯的习惯,两人共达"美的理想"。不成想,上海成了陆小曼的失心乐土。

由于徐申如的禁令,徐志摩无法从家族公司里支款,只得找舅父沈佐宸借钱前往上海。他们起初住在福建路的通裕旅馆,用徐志摩的话说是家"破客栈";不久搬去梅白格路643号的宋春舫家借住;1927年秋,迁居至环龙路(今南昌路)花园别墅11号的三层小洋房里;1928年年底搬入了福熙路613号(今延安中路四明村923号)。福熙路的寓所是他们以每月100银元的高价租下的,是一幢三层洋楼,包括客房和陆小曼母亲的住房,还有徐志摩的书房以及她的个人吸烟室,摆设装饰豪华绚丽,家具一应俱全。她请了厨师、司机和不少贴身丫头,她的仆人们也都衣着光鲜亮丽,与主人没什么两样。1929年3月

1.1926年12月,北伐军占领福建全省并乘胜追击,向浙江挺进,于2月底占领浙江全省。

29日,泰戈尔第二次访问上海时,就住在徐志摩夫妇的福熙路寓所。

上海,这个陆小曼的出生之地,此时已成为繁华的大都会,时尚开化,名流云集,彻底吸引了旧地重游的她。北京虽成就了陆小曼圈子里的名气,但抓不住她的心,也许是热爱社交的天性使然,令她念念不忘的还是上海。20世纪二三十年代的上海号称"东方巴黎",她爱它的时髦,喜它的热闹,它比北京更适合她。在这欢乐的瘾药里,本就有大小姐气派的陆小曼越发地不加节制,享受着纸醉金迷的快感。她又成了那个擅长交际的社交皇后,唱昆曲、入舞厅、打麻将,玩得多姿多彩,一样不落下。她的生活多是黑夜,没有白天,家里客厅的窗帘在白天总是低垂着,房间里阴沉颓靡、暗无光线。只有待地球转过了昼半球,晨昏线掠过这座不夜城之后,陆小曼才精神地活过来,在上海名媛聚集的派对上散发光彩。

豪华赌场,夜会剧院,都有她的身影。陆小曼常常在剧院包场,若是遇见了心仪的戏子,还会对他们大加奖赏。除了看戏,陆小曼自己也会登台唱戏。精于京剧、昆曲的她在上海极负盛名,常常有阔太小姐为筹款而邀请她上台义演,她往往是作为压轴出场。陆小曼演起戏来,连徐志摩也不放过,她还拉着徐志摩一起上戏台。有时候,徐志摩虽然换上了戏服,看似和她"琴瑟和鸣",其实心里很不情愿。他曾在一场演出后这样写道:"我想在冬至节独自到一个偏僻的教堂里去听几折圣诞的和歌,但我却穿上了臃肿的袍服上舞台串演不自在的'腐'戏。"

强拉也好，无奈也罢，徐志摩的"配合"无论怎样也是一种他自我宣扬"理想的美"的姿态。他们来到上海后秀尽了新婚的幸福，以期显示出自己理想的美好和无穷的爱，似乎是对社会炫耀着他与众不同的理想浪漫主义。但不能否认的是，徐陆两人婚姻生活中存在着不顺。陆小曼追求的这种自在，到徐志摩这里变成了不自在，她的平生喜好在徐志摩看来不过是缛重乏味的"腐戏"。陆小曼是入戏了，她的戏里人生中，徐志摩在不在场、在戏里还是戏外也不要紧了。

陆小曼的奢靡让从未担忧过生活的徐志摩犯了愁。家里的房租每个月要100银元，陆小曼的个人开销每月至少要500银元，还要养14个用人，租一辆汽车。为了尽量满足、取悦妻子，徐志摩不得不东奔西走，努力工作增加收入。在1927年秋迁居花园别墅时，徐志摩便开始在光华大学担任翻译、英文小说派别等课程的教授，同时兼东吴大学法学院英文教授和大夏大学教授。1929年，徐志摩又兼了南京中央大学的英文系教授。教课之外，他还要通过写诗作文来赚取稿费。1930年秋，徐志摩一方面因为胡适的邀请，另一方面认为自己在上海并不愉快，于事业是无益的，于是他来到了北平[1]，在北京大学和北京女子师范大学担任教授。徐志摩经常在课余时间给陆小曼写信，字里

1.1928年，国民政府设立北平特别市，"北京"改称"北平"。1949年改回为"北京"。

背道的驰行

行间，除了表达对妻子的思念，他还不忘劝诫妻子，以期陆小曼还能回到当初知性的时候，辅助他督促他，能与他做一对凡尘俗世中人人羡慕的神仙眷侣。

除了对陆小曼的劝诫，在信中，徐志摩还毫不避讳地讲到自己的私欲。某位女性何其美丽之誉辞屡屡可见，甚至和谁一起去逛过妓院他也会一一载出。徐志摩说这就是他，十足透明的他，他不会隐瞒什么，他会将自己的一切告诉妻子，妻子有权利知道。徐志摩这样写还有一个目的，就是怕妻子在上海奢靡的生活中越陷越深，他希望通过这种方式刺激她，盼望妻子北上，同他安心定在这里。

然而事与愿违，陆小曼执意不愿前去，因为北平还有一个林徽因，在她看来，定居北平会大大方便徐志摩与林徽因的接触。陆小曼曾对徐志摩说："你跟任何女人的交往都不必瞒我，我无所谓，绝不干扰，唯独林徽因，你绝不可跟她再有接触。只要让我知道你跟她还有来往，我绝不答应。老实讲，我是要吃醋的。"徐志摩只得在北平、南京、上海之间来回奔波。

陆小曼没想到的是，徐志摩早在林徽因生病那会儿，就去医院看望了她数次。面对梦中的女神、昔日的恋人，尤其是在现实与梦境离得太远的时候，徐志摩原本黯淡的情火瞬间复燃，变得灼热、滚烫。他生性多情，一颗随时为浪漫的爱燃烧的心，在两人重遇之时又无声地热烈起来，徐志摩全然把陆小曼的警告搁置了一旁。毕竟按照他的性情，理想中的浪漫比生命还珍贵，醉人的林徽因就是那风、那月、那雪，她的一颦一笑，就是人间最美的四月天，哪里还有什么新欢旧爱之别呢？

在另一边，迷醉在灯红酒绿的上海，陆小曼亦是与徐志摩渐行渐远。对她而言，徐志摩还在上海的时候，他尚能陪在自己身边恩爱欢闹，现在相距千里，各怀所志，陆小曼便也放任自流，沉浸属于自己的世界了。

无茎的玫瑰

据当时上海文艺界名人陈定山的《春申旧闻》记载，热衷于戏曲的陆小曼，终于在某次表演中过于疲劳，导致旧疾复发，一度昏厥。徐志摩访遍各处名医，都不能彻底医治，直到有人向他推荐了一位名叫翁瑞午的医生。说起翁瑞午，他的出身同样不平凡，他的父亲翁绶祺是书法大家翁同龢的爱徒，家藏名人字画真迹甚多。翁瑞午从小生长在艺术氛围浓厚的环境中，加之父亲的教导，他不仅善于书画，而且精于诗文。除此之外，翁瑞午还能唱京戏昆曲，对这些戏曲腔调有一定的研究，深得京剧大师梅兰芳的赏识。他又从丁凤山那里学习中医推拿，成了知名医生。

每次，陆小曼因为疲劳昏厥过去，翁瑞午就给她推拿，每次推拿后，陆小曼不仅顺利醒来，还觉得通体舒泰。推拿给陆小曼带来好的效果，让徐志摩对翁瑞午不胜感激，他对其好生接待，两人交往很是投机。翁瑞午和陆小曼相识后，由于同样热爱戏曲和绘画，兴致所趋，他们几乎天天待在一起听戏、演戏。

徐志摩走上了王赓的老路，丝毫不在意他们二人的密切来往。徐志摩和陆小曼的许多朋友对翁瑞午频繁进出徐宅产生了意见，而翁瑞午每次面对闲言流语，都理直气壮回击道："我到这里，是志摩请来的！"

翁瑞午一度成为徐家的上门贵客，三人经常坐在一起喝茶聊天。然而推拿只是暂时缓解了陆小曼的病痛，并不能长久见效，她担心以后翁瑞午不在身边时，旧病复发怎么办。翁瑞午提了一个大胆的建议——用鸦片缓解疼痛。开始，陆小曼是拒绝的，觉得这鸦片接触不得，然而在病魔的折磨下，也许是心里潜伏的好奇心所驱使，也许是向往另一种慵懒颓废的享受，最后她还是把手伸向了装满鸦片的烟枪。榻上的陆小曼一口口吸着鸦片，那驱除她可怕病魔的"救命稻草"，那驱使她灵魂虚入幻境的神秘之物，也将她的肉身渐渐抛在人间，与精神隔离了开来。

翁瑞午把她拉入了这上瘾的泥潭，后来他干脆住进了徐家。每日两人围着一榻，无所事事，吞云吐雾，昏天暗地。她爱徐志摩的浪漫，也迷翁瑞午的倜傥。徐志摩仍视她为进取相夫的新妇，以为她还会为他改进，为他们的爱情努力。他一开始没有反对陆小曼吸鸦片，只是这家里每日颓唐的景象，甚至颓唐到凄凉，让他的心渐渐感受到的是冷意，是距离。他们的爱情没有朝着更积极美满的方向走去，而是像极了灼热的花，最终在火焰的吞噬中摇曳。不在热烈中美艳，就在火焰中焚烧，花残意冷，徐志摩留在上海的心一点点失去温度。

无茎的玫瑰

她不再是他志同道合的灵魂伴侣——

最容易化最难化的是一样东西——女人的心，过去的日子只当得一堆灰，烧透的灰，字迹都不见一个。

失意与无奈游走在徐志摩日记的字里行间。

1931年11月上旬，一直不肯北上的陆小曼因为生计难以维持，连发十几封电报催徐志摩回上海。11日，徐志摩从北平南下，13日到达上海。徐志摩一进家门，看到的场景自然是陆小曼躺在榻上，只顾吸烟。在徐志摩看来，弥漫在烟雾中的妻子不再是那个心中所思所想的女子，她早已模糊了痕迹，虚实难辨。徐志摩忍不住劝了陆小曼几句，她竟大发小姐脾气，两人因此大吵了一架。陆小曼还向徐志摩掷出了烟枪、烟灯，幸好徐志摩闪退一边，没有伤及大碍，金丝眼镜却应声着地，跌碎了镜片。

小别初见，本应是夫妻小话情思的时刻，此刻却没有拥抱，没有笑脸，只有情绪的爆发和互不相让的干戈。徐志摩不想和妻子闹得不堪，他只好借口探访故旧离开。在外面，徐志摩依然表现出一副什么也没发生的样子，他和陆小曼的烦恼只能一个人默默承受，打碎了牙也往肚里咽。

晚上，徐志摩在朋友家中度过，次日去刘海粟家看他的新作，中午又在罗隆基处用餐，午后还是没回家，依旧在刘海粟家度过。徐志摩听说林徽因将于19日晚上，在北平协和小礼堂为外国使者举办中国建筑艺术的演讲会。为了赶到会场，18日，徐志摩乘车到了南京，准备次日搭中国航空公司的邮政班机，朋友保君健在中国航空公司财务组任主任，徐志摩有免费机票。他来到朋友何竞武家，晚上9点半，他又去了张歆海家，在那里，他还遇见了杨杏佛。徐志摩与张歆海的夫人韩湘眉继续讨论了之前没定论的题目——人生与恋爱。

谈笑之间，主人注意到徐志摩只穿着一条又短又小、极不合身的西装裤就出了门，腰间还破了一个不雅的大窟窿。徐志摩在原地无目的地来回转，寻找他的腰带，像不受鞭子控制的陀螺，这寒酸模样，实在不该是他平日的样子。大家都在一旁打趣，他只好自我解嘲，说是自己仓促之间的疏忽大意。

其间，韩湘眉忽然若有所感："Suppose something happens tomorrow（明天可能要出事），志摩！"

徐志摩不在意地笑着说："你怕我死么？"

"志摩！正经话，总是当心点儿的好，司机（驾驶员）是中国人，还是外国人？"韩湘眉认真道。

"不知道，没有关系，我总是要飞的，我以为天气晴朗，宜于飞行。"徐志摩不以为意。

"你这次乘飞机，小曼说什么没有？"韩湘眉继续问道。

徐志摩不经意地说："小曼说，我若坐飞机死了，她做风流寡妇。"

这时一旁的杨杏佛笑说："凡是寡妇皆风流。"

语罢，众人都笑了起来，后来，他们又谈及各方朋友，谈徐志摩以后的北平生活，也谈杂乱无序的国内之事。夜深临行时，徐志摩走在杨杏佛的后面，临别之际，还轻轻地吻了一下韩湘眉的左颊。之后，他回到了何竞武家住宿，因为离飞机场较近。

19日，忽起大雾，徐志摩一开始决定暂不乘机，给陆小曼也如是回复，但又想到林徽因当晚的演讲会不能错过，于是最终还是决定要飞回北平。灾难也在这一天降临了，驾驶员前夜忙于女儿婚嫁之事疲劳过度，飞机却还是于当天上午8时起飞。午后2时，飞机飞至济南南部，适逢大雾，能见度降低，驾驶员不得不降低飞行高度，却因此撞上了开山[1]，机毁人亡，徐志摩和机上两名驾驶员均不幸丧生。

徐志摩和陆小曼这样一段反抗世俗的爱情，就以这样一个悲剧的形式落幕。婚前，面对世俗眼光仍能冲破一切阻碍，努力相爱的他们，婚后，都变成了彼此眼中陌生的样子。二人的心渐行渐远，婚姻，真成了爱情的坟墓。

我们不能否认，他们是深深相爱着的，不然徐志摩不会为了她南北奔波，只为让她过上更体面的生活，并且拒绝友人离婚的建议；不然陆小曼不会在徐志摩去世之后悲痛万分，久久不能忘怀。一个是多情的诗人，一个是迷人的女人，那种朦胧而又青涩的情感，越压迫，越壮大，越渴望成长。

1.开山，位于济南市区西南的崮山镇境内，当地人称橛子山，海拔330米。

以至于陆小曼后来说："可叹我自小就是心高气傲，想享受别的女人不容易享受得到的一切，而结果现在反成了一个一切不如人的人。其实我不羡慕富贵，也不羡慕荣华，我只要一个安乐的家庭、知心的伴侣，谁知道这一点要求都不能得到……"

第六章　新月生与逝

——与新月社同人

在群星之中

北京有个地标，名为小石虎胡同33号院，它的前身是石虎胡同7号。这是一座很讲究的老北京标准的三进式四合小院，前中后三个院落，正房南房，东西厢房，两两相对，中间是一个很大的庭院。庭院里有嶙峋的假山、高大的古槐，各式花木点缀，院落古色古香，幽静典雅。宅院的主人曾是"冲冠一怒为红颜"的明末将领吴三桂，后来又住过清代名臣裘日修，这里还是徐志摩的新月社最初的聚集地。

1922年的秋天，徐志摩为追寻自己的灵魂伴侣林徽因，放弃了唾手可得的剑桥大学博士学位，匆忙回国。当时，梁启超把松坡图书馆专藏西文图书的分馆设在这里，给市井气的小胡同带来了浓郁的文化气息。回国后的徐志摩，以梁启超英文干事的身份住了进来。徐志摩住的后院有一棵粗壮的老槐树，当时据说有上百年的历史，粗壮的树干、茂密的树叶把这庭院荫庇着，为小院带来了一丝清凉。老槐树下是几株海棠，众星拱月般地簇拥着老槐树。泛着青苔的墙上挂了很多爬山虎，青黄的、嫩绿的、翠绿的，如同一张抽象画。

为爱归来的徐志摩在这里结交了诸多名人贤士，并发起成立了中国文学史上颇具影响力的文学社团——新月社。

1923年春，得闲的徐志摩才情大发，在北京办起了俱乐部。编戏演戏，吟诗作画，逢年过节举行年会、灯会等。徐志摩对印度诗人泰戈尔很是敬慕，对他的诗集《新月集》最有兴趣，提出借用"新月"二字为社名，新月社便因此得名。

新月社的成立是出于偶然，建立新月社的初衷只是能有一个文友间的聚餐会。生性热情好客的徐志摩一入住，身边很快就聚集了许多志同道合的朋友。其中有胡适、陈西滢、林长民、丁文江、张君劢等，皆是民国期间鼎鼎有名的文人才子。

有人说，徐志摩组织成立新月社，是想通过好友之间的聚会来减轻自己追求林徽因失败的痛苦。这话在今天听来也有几分道理。也许在与朋友的笑谈中，他能暂别失恋的苦痛。正所谓人以类聚，物以群分，他们在一起时，或论国事或聊生活，或宣泄情感或抒发苦闷。而这个以后成为新月派骨干的文学圈子，就在这个小小的四合院，悄然萌芽了。徐志摩曾专门写过一首诗《石虎胡同七号》来描写在石虎胡同的生活：

我们的小园庭，有时荡漾着无限温柔；
善笑的藤娘，袒酥怀任团团的柿掌绸缪，
百尺的槐翁，在微风中俯身将棠姑抱搂，

> 黄狗在篱边，守候睡熟的珀儿，他的小友，
> 小雀儿新制求婚的艳曲，在媚唱无休——
> 我们的小园庭，有时荡漾着无限温柔。[1]

诗意细腻的生活，一点一点滋养着徐志摩心中的诗情。

1924年的春天，徐志摩正等着自己心中的文学偶像泰戈尔来华。新文化运动前后，泰戈尔的大量作品被翻译到中国，在国内迅速掀起一场泰戈尔热潮，其泛神、泛美、泛爱的观点大大影响了中国读者。泰戈尔诗中的乌托邦，深深地影响了处于动荡之中的中国。泰戈尔与徐志摩，一印一中，一老一少，两颗诗心因志趣相投而惺惺相惜。

徐志摩之所以敬爱泰戈尔，并不完全是因为他的作品，更多的是因为他所展现出来的崇高人格——博爱、至真至诚、追求自由与和平。回望徐志摩的生平，他毕生所求也正是这种境界。徐志摩对泰戈尔的崇拜，是建立在精神层面上的共鸣。对于徐志摩而言，泰戈尔仿佛是一座佛塔，是他毕生朝圣的目的地。他是一轮新月，散发着抚慰人心的纯洁光辉。而且，泰戈尔是印度诗人中将孟加拉语放入诗歌里的第一人，这一举措和中国当时新文化运动中用白话写诗遥相呼应。徐志摩是推崇白话文写诗的革新派，这或许也能在一定程度上解释徐志摩对泰戈尔

1.《石虎胡同七号》全文见本书附录。

的推崇。

新月社的成立和泰戈尔关系密切,徐志摩创立新月社时带着一个明确的愿望——演戏。他想集结几个志同道合的伙伴一同排练戏剧,而这一愿望也不是奔着什么明确或者是宏大的目标去的。清末民初,戏剧作为一种文化传播载体渐渐活跃起来,其中以五四运动时期尤甚,或许是这种文化形式激发了徐志摩的创作欲望和表达热情吧,正如他自己所说:"要得的请人来看,要不得的反正自己好玩。"徐志摩想以排演戏剧为支点,开始其他文化活动,在中国文学界开辟出一条道路。

对于徐志摩来说,泰戈尔的到来不仅具有精神上的指导意义,让以戏剧为初心而成立的新月社真正实现自己的戏剧之梦,而且让徐志摩再次看到了自己和林徽因爱情的光芒。

虽然新月社取自泰戈尔的《新月集》,但是"新月"二字,也带着浓烈的徐志摩个人色彩。明月是徐志摩诗中常常出现的意象,他写新娘的娇羞似明月,用锦被掩盖光艳;他写残月半轮,如破碎的希望,迎合半夜深巷传出的琵琶声;而当月光将花影描上石隙,竟能让粗丑的顽石生媚。"新月,虽则不是一个怎样强有力的象征,但它那纤弱的一弯分明暗示着,怀抱着未来的圆满。"徐志摩喜爱纯洁无瑕的月亮,他本人像月亮一样,浪漫而温柔;他对待感情的态度像月光一样明澈纯洁。新月,映射出徐志摩的性格、禀赋和情怀。

新月社正式挂牌是在泰戈尔访华以后,众人商量后,决定把挂牌的地址选在松树胡同7号,这就是"七号俱乐部"的由来。新月社虽然在松树胡同7号挂牌,那里却不是新月社的所在地,而是新月俱乐部的活动场所。用徐志摩自己的话说,就是"最初是'聚餐会',从'聚餐会'产生新月社,又从新月社产生的'七号'俱乐部"。

新月社里有沙发、饭菜、书报,有年会、灯会,还有古琴会、书画会、读书会。但对发起人徐志摩来说,他并不满足将之定位为琴棋书画外加茶酒会的资产阶级俱乐部,因为这绝不是新月真正的清光。对于徐志摩来说,成立新月俱乐部是书呆子的梦想,就是凭借众人的才学与创造力,做点儿自己想做的事情——演戏。可是,新月社成员里,要么是小说家、画家,要么是银行家、政治家,哪儿有人抽得出工夫专门写戏排戏。

一个文学派别的形成,有着诸多的偶然因素,新月派的驰骋文坛,与当时的中国社会背景有着必然的联系。与其说新月社是文学团体,倒不如说是徐志摩的朋友组织。他随意得很,遇着聊得来的,便把人往新月社里拉,连入会手续都不见得齐全。会费没有正式的负责人来收,徐志摩自己也弄不清新月社有多少人。郁达夫在回忆徐志摩时说:

> 他的善于座谈,敏于交际,长于吟诗的种种美德,自然而然地使他成了一个社交的中心。当时的文人学者、达官丽姝,以及中学时候的倒霉同学,不论长幼,不分贵贱,

都在他的客座上可以看得到。不管你是如何心神不快的时候，只教经他用了他那种浊中带清的洪亮的声音，"喂，老×，今天怎么样？什么什么怎么样了？"的一问，你就自然会把一切的心事丢开，被他的那种快乐的光耀同化了过去。[1]

这也许就是徐志摩身上的人格魅力，一种连接着周围朋友的魅力。

---

1. 本段引自郁达夫的散文《志摩在回忆里》。

黯灭的光辉

如果说新月社给了徐志摩灵感与希冀，那徐志摩就给了新月社以灵魂，一旦灵魂寂灭，新月便会黯淡，人心便会涣散。作为文学社团，新月社是松散的，但里面的每个成员，都是才华横溢、各自精彩的。这些人当中，有一个扛鼎人物，那就是胡适。徐志摩是新月社的灵魂，而胡适则是新月社的领袖。

胡适欣赏徐志摩，认为徐志摩才华横溢，对诗的见解透彻，学历也高。他甚至相信徐志摩是东方的惠特曼[1]，也许正是这样的期望，他才不断地在文学上鼓励徐志摩。所以徐志摩才会说，他的大多数诗行，都是胡适撩拨出来的。有人曾说，胡适亲手开启了新文化运动，而徐志摩的出现，则继承了他的使命，他们的相交，是新文化运动的倡导者和力行者之间的相遇，让新文化运动散发出了新的活力。在新月社发展的历程中，无论少了他们当中的哪一个，新月都将黯淡无光。

---

1. 沃尔特·惠特曼（Walt Whitman, 1819—1892），美国著名诗人、人文主义者，创造了诗歌的自由体，代表作品为诗集《草叶集》。

胡适在徐志摩离开北京时，努力维系着他们的聚餐会，否则，用徐志摩的话说，聚餐会早已呜呼哀哉了。后来，胡适失去了徐志摩，新月失去了灵魂。同样作为领袖，他却再也无法像原来那样感召新月同人，于是，新月众人散成了天上的群星，各自散发光彩。虽然在很多事情上，胡适与徐志摩同声相求，但是他们实如一个灵魂的正反面，有着很大的不同。

徐志摩的内心浪漫温柔，但现实中，他却能激烈地先以离婚的方式反传统，后以再婚的方式实践他的先锋理想。所以，徐志摩在浪漫里成为持刀骑士，惊世骇俗；而胡适，这位倡导全面西化的新锐干将，却谨慎保守地留在了包办婚姻里，在行动上远没有徐志摩那样的决心和魄力，甘心成就世人"小脚夫人配留美博士"的笑谈。胡适的矛盾，诚然是那一代文人的典型性格，却也是胡适自己的性子，他持守中国文人的礼节与温和，强调着容忍比自由更重要，情愿不自由，也就自由了。所以也可以理解，为什么在后期，胡适的思想越来越保守。

正如徐志摩在致胡适的信里所说：

> 我又是绝对无意于名利的，所要的只是"草青人远，一流冷涧"。这扰攘日子，说实话，我其实难过。你的新来的兴奋，我也未尝不曾感到过，但你我虽则兄弟似的交好，襟怀性情地位的不同处，正大着；另一句话说，你在社会上是负定了一种使命的，你不能不斗到底，你不能不向前

迈步……但我自己却另是一回事……

1923年农历八月，新月社成立之前，徐志摩曾邀约了一批友人赴海宁观潮，此行有胡适、陶行知等十余人。当时他们分乘两船前往盐官，一路之上以诗为题、畅所欲言甚是快活。

成立新月社之后，徐志摩也想创办自己的刊物。泰戈尔访华时，曾向徐志摩提议办一份英文季刊，目的是通过它构造起中国知识界和世界知识界的桥梁。徐志摩积极行动起来，筹办《新月》周刊或月刊，为此事还特地邀请金岳霖主持杂志的编辑工作。但因诸多原因，刊物未能办成，最终不了了之。其间，徐志摩还和张君劢一起创办了《理想》月刊，最终也未成事，在失望遗憾之时，《晨报副刊》向他递来了橄榄枝。

《晨报副刊》从《晨报》独立出来，是在孙伏园担任主编以后的事情，副刊的名字来源于鲁迅的建议。在此之前，《晨报》在每期的第一版刊登投稿的小说、散文、随笔等，以此形成了较大的影响力。后来，《晨报副刊》被认为是五四时期的四大报纸副刊之一。在《晨报副刊》的诸多撰稿人中，鲁迅是颇受优待的作家，副刊陆续发表了他的小说、散文和杂文，使其成为那个时期《晨报副刊》的主要写手。这使得研究系的胡适、徐志摩、陈西滢等很不满意。《晨报副刊》虽然已独立出来，但毕竟它的后台老板仍然是《晨报》。《晨报》是研究系的机关报，而鲁迅与研究系结怨已久，特别是鲁迅表现出对研究系的不屑和厌恶，延及徐志摩对他的态度可以想见。鲁迅曾写过一首打油诗《我的失恋》交由《晨报副刊》发表，暗讽徐志摩的那场失恋：

  我的所爱在山腰；
  想去寻她山太高，
  低头无法泪沾袍。
  爱人赠我百蝶巾；
  回她什么：猫头鹰。
  从此翻脸不理我，
  不知何故兮使我心惊。

  我的所爱在闹市；
  想去寻她人拥挤，
  仰头无法泪沾耳。
  爱人赠我双燕图；
  回她什么：冰糖壶卢。
  从此翻脸不理我，
  不知何故兮使我糊涂。

  我的所爱在河滨；
  想去寻她河水深，

歪头无法泪沾襟。

爱人赠我金表索；

回她什么：发汗药。

从此翻脸不理我，

不知何故兮使我神经衰弱。

我的所爱在豪家；

想去寻她兮没有汽车，

摇头无法泪如麻。

爱人赠我玫瑰花；

回她什么：赤练蛇。

从此翻脸不理我，

不知何故兮——由她去罢。

　　林徽因曾经赠过百蝶巾、双燕图给徐志摩；徐志摩苦追林徽因，但林徽因嫁给梁思成，即最后一节"我的所爱在豪家"。孙伏园看过稿子后，一如既往地毫不犹豫就签字发排，随后便外出了。结果在见报的头天晚上，他到报馆看大样时，发现这首诗被代理总编辑刘勉己抽掉了。他跑去问缘由，刘勉己吞吞吐吐只说要不得，气恼至极的孙伏园就顺手打了刘勉己一个嘴巴，还追着他大骂一顿。其实此事只是一个导火索，之前研究系的人施压，安排刘勉己做代理主编，孙伏园早已有按捺不住的气愤,他很快提出了辞职,离开了《晨报副刊》。

之后,《晨报副刊》暂时只好由刘勉己代编。但这总不是办法,朋友们商量,决定由徐志摩来接编。谁知,徐志摩却无心于此。后因其与陆小曼的各种纠纷,徐志摩不得不前去欧洲。可是,去欧洲旅行,需要钱。徐志摩无脸向家里人要钱,老人家正为他跟有夫之妇的恋情发着火,火头上能要得来钱吗?他想到了北京晨报社,于是去向黄子美、陈博生他们筹借。乘此机会,黄子美要求徐志摩从欧洲回来后接手《晨报副刊》,徐志摩答应了。

几经周折,徐志摩终于从痛苦中走了出来,回国后从陈博生手中接过了《晨报副刊》。徐志摩在接手后的《晨报副刊》首刊发表了《我为什么来办,我想怎么办》一文,他在文中说:

> 我说我办就办,办法可得完全由我,我爱登什么就登什么,万一将来犯什么忌讳出了乱子累及《晨报》本身的话,只要我自以为有交代,他可不能怨我;还有一层,在他虽则看起我,以为我办不至于怎样的不堪,但我自问我决不是一个会投机的主笔,迎合群众心理,我是不来的,谀附言论界的权威者我是不来的,取媚社会的愚闇与褊浅我是不来的;我来只认识我自己,只知对我自己负责任,我不愿意说的话你逼我求我我都不说的,我要说的话你逼我求我我都不能不说的,我来就是一个全权的记者。

灯下，徐志摩研究着《晨报副刊》的版式，觉得原先的刊名平俗得很，面孔很不喜人，他想重新题过，谁来题写呢？他马上想到了萧伯英老先生，于是直奔老先生家。老先生打量着徐志摩，心想：这真是一个任性的诗人，《晨报》交给他，或许能开一代风气之先，也未可知。于是将"副刊"改成了"副镌"。改了刊名，半夜徐志摩又想起来需要加一幅刊头画才好，于是又找到凌叔华画了一张扬手女郎图。1925年10月1日，改版后的《晨报副镌》如期出版。徐志摩把原来的八开对折竖版式改成四开对折四版式，用纸一样，但单张的版面扩大了一倍，果然一派崭新气象。

除了《晨报副刊》，徐志摩还在北京创刊主编了《诗镌》。徐志摩完成了《诗镌》的第一期和第二期工作之后，1926年4月，自美国留学回国的闻一多参与了《诗镌》第三期和第四期的编辑工作。《诗镌》的第五期，则主要是由饶孟侃负责。在这之后，徐志摩重新回到了主编的岗位，并撰写了《诗刊弁言》和《诗刊放假》。《诗镌》先后发表了闻一多、徐志摩、朱湘、刘梦伟、饶孟侃等人的诗歌，其中就包括徐志摩的《偶然》：

> 我是天空里的一片云，
> 偶尔投影在你的波心——
> 你不必讶异，
> 更无须欢喜——

> 在转瞬间消灭了踪影。
>
> 你我相逢在黑夜的海上,
> 你有你的,我有我的,方向;
> 你记得也好,
> 最好你忘掉
> 在这交会时互放的光亮!

以及闻一多的《死水》:

> 这是一沟绝望的死水,
> 清风吹不起半点漪沦。
> 不如多扔些破铜烂铁,
> 爽性泼你的剩菜残羹。
>
> 也许铜的要绿成翡翠,
> 铁罐上锈出几瓣桃花;
> 再让油腻织一层罗绮,
> 霉菌给他蒸出些云霞。
>
> 让死水酵成一沟绿酒,
> 漂满了珍珠似的白沫;

小珠们笑声变成大珠,
又被偷酒的花蚊咬破。

那么一沟绝望的死水,
也就夸得上几分鲜明。
如果青蛙耐不住寂寞,
又算死水叫出了歌声。

这是一沟绝望的死水,
这里断不是美的所在,
不如让给丑恶来开垦,
看它造出个什么世界。

《诗镌》的主要撰稿人不断致力于中国新格律诗的创作,他们不断探讨和创新关于诗歌艺术的理论,徐志摩和闻一多、朱湘在上面发表了各种诗评诗论,如闻一多的《诗的格律》《诗人的蛮横》等4篇文章,饶孟侃《新诗的音节》《新诗话》等4篇文章,徐志摩也发表了《厌世的哈提》等4篇文章,通过对新诗艺术的讨论,最终形成了一个崭新的诗歌流派——新月派。新月派诞生以后,为中国的诗歌创作和创新做出了重要的贡献,充分体现了闻一多在《诗的格律》里所描述的"三种美"——音乐美、绘画美、建筑美。

1926年,徐志摩来到上海,到了1927年,新月社的主要成员也都聚集到上海。徐志摩和闻一多、胡适、张禹九等人在上海创办了新月书店,根据讨论的结果,由胡适担任书店的董事长,经理一职由余上沆担任。根据新月派诗歌的主要特色,徐志摩还于1928年创办了《新月》杂志,新月派的力量集中了起来。

《新月》杂志对新诗的探讨和创作从未间断,它不光刊出新月派诗人的诗歌,还会汲取众长,选登其他流派诗人的诗歌。在《新月》刊登的诗歌中,就包括郁达夫、巴金、丁玲等作家的作品。

完成了《新月》的创刊之后,徐志摩又在1931年从《晨报诗刊》《新月》等载有新月派诗歌的刊物中,选编了18位诗人的一共80首新诗,集中成一本《新月诗选》。《新月诗选》将新月派的诗歌集中发表,充分体现了其流派之特色,为学者的研究和诗人的创作提供了重要依据。

1931年11月19日,徐志摩因飞机失事而去世,新月派由梁实秋、胡适等人接手管理。到了1933年6月1日,《新月》出至四卷七期而停刊,随后,它便销声匿迹了。

后记 I
戏剧般的开始，戏剧般的终结

从敲定标题到写下"后记"两个字，转眼已经过去了几个月，恍然间仿佛又听到了第一声键盘的啪嗒声。几个月的时间，看似很久，于一个人的人生来说，却显得仓促短暂。要真正了解一个人的经历和思想，就必须从浩如烟海的资料中撷取出那一块块碎片，然后拼凑完整。

人生如书，每一页都写下了很多故事，酸甜苦辣、喜怒哀乐。每一个人都是一本书，有时是我们大权在握，勾画着命运的轮廓；有时是被命运左右，写下不尽如人意的句子。但即便如此，一本十余万字的书又怎能道尽一个人生命的纷繁复杂。刚开始动笔时，我怀着务求客观与全面的希冀欣然开始了徐志摩的人生之旅，越走到旅途的后半部分，越感到自己水平的捉襟见肘、文字的苍白无力，我竟然试图用文字将一代诗人的一生说尽。写到最后，才发觉自己的天真。

徐志摩的一生虽然短暂，但其广度和深度远超寻常人。他这一生，享过荣华富贵，受过颠沛流离，有过轰轰烈烈的爱情，爱过精彩绮丽的女子，得到过世人的赞誉，也遭受过旁人的冷眼。命运爱他，眷他，让他生于富绅之家，天资过人，从小顺风顺水；命运戏他，弄他，让他奔波于生计，爱上没有未来的人，定下没有结果的情。

他有着戏剧般的开始，亦有着戏剧般的终结。徐志摩生于乱世，泱泱华夏，岌岌可危，天地苍茫，漆黑一片，望不见任何未来。生在无忧无虑的家庭里，却养出了早慧的性格，年仅13岁，便写下《论哥舒翰潼关之战》。早年的他一心寻求救国之道，出国学习政治经济，追寻罗素，坐在狄更生的门前沉思，几度为了理想和信念放弃博士学位。也许他也曾想过投身于仕途，在官场上大展拳脚。无奈现实残酷，在那样一个英雄辈出，身先士卒的时代里，他还缺少了一点男儿的血性和果敢。更何况，心高气傲的他实在无法想象自己该如何虚与委蛇，曲意迎合他人的笑脸。

正如徐志摩自己所说："我这一生的流转，大多寻得到情感的踪迹。"他和张幼仪、林徽因、陆小曼的情感纠葛，贯穿了一生。他是天生的诗人和情种，多情深思，爱憎分明。很多人唾弃徐志摩抛妻弃子、无情冷漠，但是在我看来，和张幼仪结婚时，徐志摩不过才十八九岁，尚处于对爱情充满好奇却又一无所知的年纪，所以他没有反抗。等到他体内对自由和爱情的追求觉醒时，一切已成定局。这时再来反抗，伤害在所难免。

徐志摩也有天生的反骨，仿佛他生来便是和这世上的纲常礼俗作对的。与张幼仪离婚，他不是反抗张幼仪，张幼仪只是恰巧成了他为包办婚姻祭旗的牺牲品。

其实在徐志摩生命中的几个女人里，我最为凌叔华感到惋惜。在写下这本徐志摩传记之前，我的目光和大多数人一样，全部都倾注在了张幼仪、林徽因和陆小曼这三个与徐志摩牵扯出了几番公案的女人身上。我隐隐约约地感到了一种角色的缺失，直到凌叔华出现在我的视线之中，这个缺失才被弥补填平。凌叔华是民国文坛四大才女之一，且才貌双全，她既有着林徽因的练达和智慧，又不失陆小曼的张扬和个性。同时，她还带着张幼仪的端庄贤淑，和徐志摩在精神上也是高度地契合。从徐志摩写给凌叔华的信来看，那时的徐志摩就算没有对凌叔华爱到深处，恐怕也是情不自禁地产生了爱慕之情，如果陆小曼没有在二人感情日渐升温的时候横空出现的话，我相信，他们俩也许会传出一段郎才女貌的佳话。这不由得使得几十年后的我思绪万千，暗下设想：如果徐志摩和凌叔华成为眷侣，他们是否还会在婚后陷入与陆小曼那样的两难境地，是否会生儿育女，共渡漫漫人生路？甚至我带着一丝奢望，不切实际地幻想着，如果真是那样，徐志摩或许就不会奔波于两地之间，最后命丧开山。

可是幻想终究只是幻想，徐志摩还是猝不及防地走了，留下一众友人黯然神伤。人生种种，到头来不过是一抔黄土。我有时候突然会想，如果徐志摩是逃不过自然的规律，慢慢老去，世人还会对他如此念念不忘吗？可是他是想飞的徐志摩，人生的最后阶段，他是飞在空中的，以一种仓皇的姿态带走了所有关于他的一切。从此，世间不再有那个"得之我幸，失之我命"的徐志摩。他走了，在乱云滚滚，阴风怒号的天际他走了，在怪石嶙峋，杳无人烟的开山中；他走了，在一片混乱和真假难辨的是非中。

斯人已逝，风骨与才华却长存于后世之人心中！

附录·徐志摩作品欣赏

散文

我的祖母之死

一

"一个单纯的孩子,过他快活的时光,与匆匆的,活泼泼的,何尝识别生存与死亡?"这四行诗是英国诗人华茨华斯(William Wordsworth)一首有名的小诗叫做"我们是七人"(*We Are Seven*)的开端,也就是他的全诗的主意。这位爱自然,爱儿童的诗人,有一次碰着一个八岁的小女孩,发卷蓬松的可爱,他问她兄弟姊妹共有几人,她说我们是七个,两个在城里,两个在外国,还有一个姊妹一个哥哥,在她家里附近教堂的墓园里埋着。但她小孩的心理,却不分清生与死的界限,她每晚携着她的干点心与小盘皿,到那墓园的草地里,独自的吃,独自的唱,唱给她的在土堆里眠着的兄姊听,虽则他们静悄悄的莫有回响,她烂漫的童心却不曾感到生死间有不可思议的阻隔;所以任凭华翁多方的譬解,她只是睁着一双灵动的小眼,回答说:"可是,先生,我们还是七人。"

二

其实华翁自己的童真,也不让那小女孩的完全:他曾经说:"在孩童时期,我不能相信我自己有一天也会得悄悄的躺在坟里,我的骸骨会得变成尘土。"又一次他对人说:"我做孩子时最想不通的,是死的这回事将来也会得轮到我自己身上。"

孩子们天生是好奇的,他们要知道猫儿为什么要吃耗子,小弟弟从那里变出来的,或是究竟先有鸡还是先有鸡蛋;但人生最重大的变端——死的见象与实在,他们也只能含糊的看过,我们不能期望一个个小孩子们都是搔头穷思的丹麦王子。他们临到丧故,往往跟着大人啼哭;但他只要眼泪一干,就会到院子里踢毽子,赶蝴蝶,就使在屋子里长眠不醒了的是他们的亲爹或亲娘,大哥或小妹,我们也不能盼望悼死的悲哀可以完全翳蚀了他们稚羊小狗似的欢欣。你如其对孩子说,你妈死了,你知道不知道——他十次里有九次只是对着你发呆;但他等到要妈叫妈,妈偏不应的时候,他的嫩颊上就会有热泪流下。但小孩天然的一种表情,往往可以给人们最深的感动。我生平最忘不了的一次电影,就是描写一个小孩爱恋已死母亲的种种天真的情景。她在园里看种花，园丁告诉她这花在泥里，浇下水去，就会长大起来。那天晚上天下大雨，她睡在床上，被雨声惊醒了，忽然想起园丁的话，她的小脑筋里就发生了绝妙的主意。她偷偷的爬出了床，走下楼梯，到书房里去拿下桌上供着的她死母的照片，一把揣在怀里，也不顾倾倒着的大雨，一直走到园里，在地上用园丁的小锄掘松了泥土，把她怀里的亲妈，谨慎的取了出来，栽在泥里，把松泥掩护着；她做完了工就蹲在那里守候——一个三四岁的女孩，穿着白色的睡衣，在深夜的暴雨里，蹲在露天的地上，专心笃意的盼望已经死去的亲娘，像花草一般，从泥土里发长出来！

三

我初次遭逢亲属的大故，是二十年前我祖父的死，那时我还不满六岁。那是我生平第一次可怕的经验，但我追想当时的心理，我对于死的见解也不见得比华翁的那位小姑娘高明。我记得那天夜里，家里人吩咐祖父病重，他们今夜不睡了，但叫我和我的姊妹先上楼睡去，回头要我们时他们会来叫的。我们就上楼去睡了，底下就是祖父的卧房，我那时也不十分明白，只知道今夜一定有很怕的事，有火烧，强盗抢，做怕梦，一样的可怕。我也不十分睡着，只听得楼下的急步声，碗碟声，唤婢仆声，隐隐的哭泣声，不息的响音。过了半夜，他们上来把我从睡梦里抱了下去，我醒过来只听得一片的哭声，他们已经把长条香点起来，一屋子的烟，一屋子的人，围拢在床前，哭的哭，喊的喊，我也挨了过去，在人丛里偷看大床里的好祖父。忽然听说醒了醒了，哭喊声也歇了，我看见父亲爬在床里，把病父抱持在怀里，祖父倚在他的身上，双眼紧闭着，口里衔着一块黑色的药物。他说话了，很清的声音，虽则我不曾听明他说的什么话，后来知道他经过了一阵昏晕，他又醒了过来对家人说："你们吃吓了，这算是小死。"他接着又说了好几句话，随讲音随低，呼气随微，去了，再不醒了，但我却不曾亲见最后的弥留，也许是我记不起，总之我那时早已跪在地板上，手里擎着香，跟着大众高声的哭喊了。

四

此后我在亲戚家收殓虽则看得不少，但死的实在的状况却不曾见过。我们念书人的幻想力是较比的丰富，但往往因为有了幻想力，就不管生命现象的实在，结果是书呆子，陆放翁说的"百无一用是书生"。人生的范围是无穷的：我们少年时精力充足什么都不怕尝试，只愁没有出奇的事情做，往往抱怨这宇宙太窄，青天太低，大鹏似的翅膀飞不痛快，但是……但是平心的说，且不论奇的，怪的，特别的，离奇的，我们姑且试问人生里最基本的事实，最单纯的，最普遍的，最平庸的，最近人情的经验,我们究竟能有多少的把握,我们能有多少深澈的了解,我们是否都亲身经历过?譬如说:生产,恋爱,痛苦,悲,死,妒,恨,快乐,真疲倦,真饥饿,渴,毒焰似的渴,真的幸福,冻的刑罚,忏悔,种种的情热。我可以说,我们平常人生观,人类,人道,人情,真理,哲理,本能等等名词不离口吻的念书人们,什么文学家,什么哲学家——关于真正人生基本的事实的实在,知道的——恐怕是极微至鲜,即使不等于圆圈。我有一个朋友,他和他夫人的感情极厚,一次他夫人临到难产,因为在外国,所以进医院什么都得他自己照料,最后医生宣言只有用手术一法,但性命不能担保,他没有法子,只好和他半死的夫人诀别(解剖时亲属不准在旁的)。满心毒魔似的难受,他出了医院,走在道上,走上桥去,像得了离魂病似的,心脉舂臼似的跳着,最后他听着了教堂和缓的钟声,他就不自主的跟着钟声,进了教堂,跟着在做礼拜的跪着,祷告,忏悔,祈求,唱诗,流泪(他并不是信教的人),他这样的挨过时刻,后来回转医院时,一步步都是惨酷的磨难,比上行刑场的犯人,加倍的难受,他怕见医生与看护妇,仿佛他的运命是在他们的手掌里握着。事后他对人说:"我这才知道了人生一点子的意味!"

五

所以不曾经历过精神或心灵的大变的人们，只是在生命的户外徘徊，也许偶尔猜想到几分墙内的动静，但总是浮的浅的，不切实的，甚至完全是隔膜的。人生也许是个空虚的幻梦，但在这幻象中，生与死，恋爱与痛苦，毕竟是陡起的奇峰，应得激动我们彷徨者的注意，在此中也许有可以感悟到一些幻里的真，虚中的实，这浮动的水泡不曾破裂以前，也应得饱吸自由的日光，反射几丝颜色！

我是一只不羁的野驹，我往往纵容想象的猖狂，诡辩人生的现实；比如凭藉凹折的玻璃，觉察当前景色。但时而复再，我也能从烦嚣的杂响中听出清新的乐调，在眩耀的杂彩里，看出有条理的意匠。这次祖母的大故，老家庭的生活，给我不少静定的时刻，不少深刻的反省。我不敢说我因此感悟了部分的真理，或是取得了若干的智慧；我只能说我因此与实际生活更深了一层的接触，益发激动我对于人生种种好奇的探讨，益发使我惊讶这迷谜的玄妙，不但死是神奇的现象，不但生命与呼吸是神奇的现象，就连日常的生活与习惯与迷信，也好像放射着异样的光闪，不容我们擅用一两个形容词来概状，更不容我们昌言什么主义来抹煞——一个革新者的热心，碰着了实在的寒冰！

六

我在我的日记里翻出一封不曾写完不曾付寄的信,是我祖母死后第二天的早上写的。我那时在极强烈的极鲜明的时刻内,很想把那几日经过感想与疑问,痛快的写给一个同情的好友,使他在数千里外也能分尝我强烈的鲜明的感情。那位同情的好友我选中了通伯,但那封信却只起了一个呆重的头,一为丧中忙,二为我那时眼热不耐用心,始终不曾写就,一直挨到现在再想补写,恐怕强烈已经变弱,鲜明已经透阇,逃亡的囚逋,不易追获的了。我现在把那封残信录在这里,再来追摹当时的情景。

通伯[1]:

我的祖母死了!从昨夜十时半起,直到现在,满屋子只是号啕呼抢的悲音,与和尚道士女僧的礼忏鼓磬声。二十年前祖父丧时的情景,如今又在眼前了。忘不了的情景!你愿否听我讲些?

我一路回家,怕的是也许已经见不到老人,但老人却在生死的交关仿佛存心的弥留着,等待她最钟爱的孙儿——即不能与他开言诀别,也使他尚能把握她依然温暖的手掌,

---

1.通伯,即陈西滢,字通伯。

抚摩她依然跳动着的胸怀，凝视她依然能自开自阖虽则不再能表情的目睛。她的病是脑充血的一种，中医称为"卒中"（最难救的中风）。她十日前在暗房里蹶仆倒地，从此不再开口出言，登仙似的结束了她八十四年的长寿，六十年良妻与贤母的辛勤，她现在已经永远的脱辞了烦恼的人间，还归她清净自在的来处。我们承受她一生的厚爱与荫泽的儿孙，此时亲见，将来追念，她最后的神化，不能自禁中怀的摧痛，热泪暴雨似的盆涌，然痛心中却亦隐有无穷的赞美，热泪中依稀想见她功成德备的微笑，无形中似有不朽的灵光，永远的临照她绵衍的后裔……

七

旧历的乞巧那一天，我们一大群快活的游踪，驴子灰的黄的白的，轿子四个脚夫抬的，正在山海关外，纡回的，曲折的绕登角山的栖贤寺，面对着残坯的长城，巨虫似的爬山越岭，隐入烟霭的迷茫。那晚回北戴河海滨住处，已经半夜，我们还打算天亮四点钟上莲峰山去看日出，我已经快上床，忽然想起了，出去问有信没有，听差递给我一封电报，家里来的四等电报。我就知道不妙，果然是"祖母病危速回"！我当晚就收拾行装，赶早上六时车到天津，晚上才上津浦快车。正嫌路远车慢，半路又为水发冲坏了轨道过不去，一停就停了十二点钟有余，在车里多过了一夜,直到第三天的中午方才过江上沪宁车。这趟车如其准点到上海,刚好可以接上沪杭的夜车,谁知道又误了点,误了不多不少的一分钟,一面我们的车进站,他们的车头乌的一声叫,别断别断的去了!我若然是空身子,还可以冒险跳车,偏偏我的一双手又被行李雇定了,所以只得定着眼睛送它走。

所以直到八月二十二日的中午我方才到家。我给通伯的信说"怕是已经见不着老人",在路上那几天真是难受,缩不短的距离没有法子,但是那急人的水发,急人的火车,几面凑拢来,叫我整整的迟一昼夜到家!试想病危了的八十四岁的老人,这二十四点钟不是容易过的,说不定她刚巧在这个期间内有什么动静,那才叫人抱憾哩!但是结果还算没有多大的差池——她老人家还在生死的交关等着!

八

奶奶——奶奶——奶奶!奶——奶!你的孙儿回来了,奶奶!没有回音。老太太阖着眼,仰面躺在床里,右手拿着一把半旧的雕翎扇很自在的扇动着。老太太原来就怕热,每年暑天总是扇子不离手的,那几天又是特别的热。这还不是好好的老太太,呼吸顶匀净的,定是睡着了,谁说危险!奶奶,奶奶!她把扇子放下了,伸手去摸着头顶上挂着的冰袋,一把抓得紧紧的,呼了一口长气,像是暑天赶道儿的喝了一碗凉汤似的,这不是她明明的有感觉不是？我把她的手拿在我的手里，她似乎感觉我手心的热，可是她也让我握着，她开眼了！右眼张得比左眼开些，瞳子却是发呆，我拿手指在她的眼前一挑，她也没有瞬，那准是她瞧不见了——奶奶，奶奶，——她也真没有听见，难道她真是病了，真是危险，这样爱我疼我宠我的好祖母，难道真会得……我心里一阵的难受，鼻子里一阵的酸，滚热的眼泪就迸了出来。这时候床前已经挤满了人，我的这位，我的那位，我一眼看过去，只见一片惨白忧愁的面色，一双双装满了泪珠的眼眶。我的妈更看的憔悴。她们已经伺候了六天六夜，妈对我讲祖母这回不幸的情形，怎样的她夜饭前还在大厅上吩咐事情，怎样的饭后进房去自己擦脸，不知怎样的闪了下去，外面人听着响声才进去，已经是不能开口了，怎样的请医生，一直到现在还没有转机……

　　一个人到了天伦骨肉的中间，整套的思想情绪，就变换了式样与颜色。你的不自然的口音与语法没有用了；你的耀眼的袍服可以不必穿了；你的洁白的天使的翅膀，预备飞翔出人间到天堂的，不便在你的慈母跟前自由的开豁；你的理想的楼台亭阁，也不轻易的放进这二百年的老屋；你的佩剑，要塞，以及种种的防御，在争竞的外界即使是必要的，到此只是可笑的累赘。在这里，不比在其余的地方，他们所要求于你的，只是随熟的声音与笑貌，只是好的，纯粹的本性，只是一个没有斑点子的赤裸裸的好心。在这些纯爱的骨肉的经纬中心，不由得你不从你的天性里抽出最柔糯亦最有力的几缕丝线来加密或是缝补这幅天伦的结构。

所以我那时坐在祖母的床边，含着两朵热泪，听母亲叙述她的病况，我脑中发生了异常的感想，我像是至少逃回了二十年的光阴，正如我膝前子侄辈一般的高矮，回复了一片纯朴的童真，早上走来祖母的床前，揭开帐子叫一声软和的奶奶，她也回叫了我一声，伸手到里床去摸给我一个蜜枣或是三片状元糕，我又叫了一声奶奶，出去玩了，那是如何可爱的辰光，如何可爱的天真，但如今没有了，再也不回来了。现在床里躺着的，还不是我的亲爱的祖母，十个月前我伴着到普渡[1]登山拜佛清健的祖母，但现在何以不再答应我的呼唤，何以不再能表情，不再能说话，她的灵性那里去了，她的灵性那里去了？

九

一天，一天，又是一天——在垂危的病榻前过的时刻，不比平常飞驶无碍的光阴，时钟上同样的一声的嗒，直接的打在你的焦急的心里，给你一种模糊的隐痛——祖母还是照样的眠着，右手的脉自从起病以来已是极微仅有的，但不能动弹的却反是有脉的左侧，右手还是不时在挥扇，但她的呼吸还是一例

---

1. 当为"陀"字之误。

的平匀，面容虽不免瘦削，光泽依然不减，并没有显著的衰象，所以我们在旁边看她的，差不多每分钟都盼望她从这长期的睡眠中醒来，打一个哈欠，就开眼见人，开口说话——果然她醒了过来，我们也不会觉得离奇，像是原来应当似的。但这究竟是我们亲人绝望中的盼望，实际上所有的医生，中医，西医，针医，都已一致的回绝，说这是"不治之症"，中医说这脉象是凭证，西医说脑壳里血管破裂，虽则植物性机能——呼吸，消化——不曾停止，但言语中枢已经断绝——此外更专门更玄学更科学的理论我也记不得了。所以暂时不变的原因，就在老太太本来的体元太好了，拳术家说的"一时不能散工"，并不是病有转机的兆头。

我们自己人也何尝不明白这是个绝症；但我们却总不忍自认是绝望：这"不忍"便是人情。我有时在病榻前，在凄悒的静默中，发生了重大的疑问。科学家说人的意识与灵感，只是神经系最高的作用，这复杂，微妙的机械，只要部分有了损伤或是停顿，全体的动作便发生相当的影响；如其最重要的部分受了扰乱，他不是变成反常的疯癫，便是完全的失去意识。照这一说，体即是用，离了体即没有用；灵魂是宗教家的大谎，人的身体一死什么都完了。这是最干脆不过的说法，我们活着时有这样有那样已经尽够麻烦，尽够受，谁还有兴致，谁还愿意到坟墓的那一边再去发生关系，地狱也许是黑暗的，天堂是光明的，但光明与黑暗的区别无非是人类专擅的假定，我们只要摆脱这皮囊,还归我清静,我就不愿意头戴一个黄色的空圈子,合着手掌跪在云端里受罪!

再回到事实上来,我的祖母——一位神智最清明的老太太——究竟在那里?我既然不能断定因为神经部分的震裂她的灵感性便永远的消灭,但同时她又分明的失却了表情的能力,我只能设想她人格的自觉性,也许比平时消澹了不少,却依旧是在着,像在梦魇里将醒未醒时似的,明知她的儿女孙曾不住的叫唤她醒来,明知她即使要永别也总还有多少的嘱咐,但是可怜她的睛球再不能反映外界的印象,她的声带与口舌再不能表达她内心的情意,隔着这脆弱的肉体的关系,她的性灵再不能与他最亲的骨肉自由的交通——也许她也在整天整夜的伴着我们焦急,伴着我们伤心,伴着我们出泪,这才是可怜,这才真叫人悲戚哩!

十

到了八月二十七那天,离她起病的第十一天,医生吩咐脉象大大的变了,叫我们当心,这十一天内每天她只咽入很困难的几滴稀薄的米汤,现在她的面上的光泽也不如早几天了,她的目眶更陷落了,她的口部的筋肉也更宽驰[1]了,她右手的动作

---

1. 当为"弛"字之误。

也减少了,即使拿起了扇子也不再能很自然的扇动了——她的大限的确已经到了。但是到晚饭后,反是没有什么显象。同时一家人着了忙,准备寿衣的,准备冥银的,准备香灯等等的。我从里走出外,又从外走进里,只见匆忙的脚步与严肃的面容。这时病人的大动脉已经微细的不可辨,虽则呼吸还不至怎样的急促。这时一门的骨肉已经齐集在病房里,等候那不可避免的时刻。到了十时光景,我和我的父亲正坐在房的那一头一张床上,忽然听得一个哭叫的声音说——"大家快来看呀,老太太的眼睛张大了!"这尖锐的喊声,仿佛是一大桶的冰水浇在我的身上,我所有的毛管一齐竖了起来,我们踉跄的奔到了床前,挤进了人群。果然,老太太的眼睛张大了,张得很大了!这是我一生从不曾见过,也是我一辈子忘不了的眼见的神奇(恕罪我的描写!)不但是两眼,面容也是绝对的神变了(Transfigured):她原来皱缩的面上,发出一种鲜润的彩泽,仿佛半瘀的血脉,又一度充满了生命的精液,她的口,她的两颊,也都回复了异样的丰润;同时她的呼吸渐渐的上升,急进的短促,现在已经几乎脱离了气管,只在鼻孔里脆响的呼出了。但是最神奇不过的是一只眼睛!她的瞳孔早已失去了收敛性,呆顿的放大了。但是最后那几秒钟!不但眼眶是充分的张开了,不但黑白分明,瞳孔锐利的紧敛了,并且放射着一种不可形容,不可信的辉光,我只能称他为"生命最集中的灵光"!这时候床前只是一片的哭声,子媳唤着娘,孙子唤着祖母,婢仆争喊着老太太,几个稚龄的曾孙,也跟着狂叫太太……但老太太最后的开眼,仿佛是与她亲爱的骨肉,作无言的诀别,我们都在号泣的送终,她也安慰了,她放心的去了。在几秒时内,死的黑影已经移上了老人的面部,遏灭了生命的异彩,她最后的呼气,正似水泡破裂,电光沓灭,菩提的一响,生命呼出了窍,什么都止息了。

十一

我满心充塞了死象的神奇,同时又须雇管我有病的母亲,她那时出性的号啕,在地板上滚着,我自己反而哭不出来;我自己也觉得奇怪,眼看着一家长幼的涕泪滂沱,耳听着狂沸似的呼抢号叫,我不但不发生同情的反应,却反而达到了一个超感情的,静定的,幽妙的意境,我想象的看见祖母脱离了躯壳与人间,穿着雪白的长袍,冉冉的上升天去,我只想默默的跪在尘埃,赞美她一生的功德,赞美她一生的圆寂。这是我的设想!我们内地人却没有这样纯粹的宗教思想;他们的假定是不论死的是高年厚德的老人或是无知无怨的幼孩,或是罪大恶极的凶人,临到弥留的时刻总是一例的有无常鬼,摸壁鬼,牛头马面,赤发獠牙的阴差等等到门,拿着镣链枷锁,来捉拿阴魂到案。所以烧纸帛是平他们的暴戾,最后的呼抢是没奈何的诀别。这也许是大部分临死时实在的情景,但我们却不能概定所有的灵魂都不免遭受这样的凌辱。譬如我们的祖老太太的死，我只能想像她是登天，只能想像她慈祥的神化——像那样鼎沸的号啕，固然是至性不能自禁，但我总以为不如匍伏隐泣或祷默，较为近情，较为合理。

理智发达了，感情便失了自然的浓挚；厌世主义的看来，眼泪与笑声一样是空虚的，无意义的。但厌世主义姑且不论，我却不相信理智的发达，会得妨碍天然的情感；如其教育真有效力，我以为效力就在剥削了不合理性的"感情作用"，但决不会有损真纯的感情；他眼泪也许比一般人流得少些，但他等到流泪的时候，他的泪才是应流的泪。我也是智识愈开流泪愈少的一个人，但这一次却也真的哭了好几次。一次是伴我的姑母哭的，她为产后不曾复元，所以祖母的病一直瞒着她，一直到了祖母故后的早上方才通知她。她扶病来了，她还不曾下轿，我已经听出她在啜泣，我一时感觉一阵的悲伤，等到她出轿放声时，我也在房中嘘唏不住。又一次是伴祖母当年的赠嫁婢哭的。她比祖母小十一岁，今年七十三岁，亦已是个白发的婆子，她也来哭他的"小姐"，她是见着我祖母的花烛的唯一个人，她的一哭我也哭了。

再有是伴我的父亲哭的。我总是觉得一个身体伟大的人，他动情感的时候，动人的力量也比平常人伟大些。我见了我父亲哭泣，我就忍不住要伴着淌泪。但是感动我最强烈的几次，是他一人倒在床里，反覆的啜泣着，叫着妈，像一个小孩似的，我就感到最热烈的伤感,在他伟大的心胸里浪涛似的起伏,我就感到母子的感情的确是一切感情的起源与总结,等到一失慈爱的荫蔽,仿佛一生的事业顿时莫有了根柢,所有的快乐都不能填平这唯一的缺陷;所以他这一哭,我也真哭了。

但是我的祖母果真是死了吗?她的躯体是的。但她是不死的。诗人勃兰恩德[1](Bryant)说:"So live, that when thy summons comes to join the innumerable caravan, which moves to that mysterious realm where each one takes his chamber in the silent halls of death, then go not, like the quarry slave at night scourged to his dungeon, but sustained and soothed. By an unfaltering truth, approach thy grave like one that wraps the drapery of his couch, about him, and lies down to pleasant dreams."[2]

如果我们的生前是尽责任的,是无愧的,我们就会安坦的走近我们的坟墓,我们的灵魂里不会有惭愧或侮恨的啮痕。人生自生至死,如勃兰恩德的比喻,真是大队的旅客在不尽的沙漠中进行,只要良心有个安顿,到夜里你卧倒在帐幕里也就不怕噩梦来缠绕。

---

1. 勃兰恩德,通译布莱恩特,全名为威廉·卡伦·布莱恩特(William Cullen Bryant),美国最早期的自然主义诗人之一。

2. 出自美国诗人布莱恩特《死亡随想》,这一段的大意为:"这样的生命力,一旦得到召唤,便加入到绵延不断的大篷车队,驶向神秘王国。在笼罩着死亡的寂静的宅第里,每个人羁守着他自己的房间,再也无法脱身。如同采石矿的奴隶夜间在地牢中被无情地鞭笞,却只有平静和忍耐。"

我的祖母，在那旧式的环境里，到我们家来五十九年，真像是做了长期的苦工，她何尝有一日的安闲，不必说子女的嫁娶，就是一家的柴米油盐，扫地抹桌，那一件事不在八十岁老人早晚的心上！我的伯父快近六十岁了，但他的起居饮食，还差不多完全是祖母经管的，初出世的曾孙如其有些身热咳嗽，老太太晚上就睡不安稳；她爱我宠我的深情，更不是文字所能描写；她那深厚的慈荫，真是无所不包，无所不蔽。但她的身心即使劳碌了一生，她的报酬却在灵魂无上的平安；她的安慰就在她的儿女孙曾，只要我们能够步她的前例，各尽天定的责任，她在冥冥中也就永远的微笑了。

十一月二十四日

（原刊《自剖文集》，新月书店 1928 年 1 月初版）

想 飞

　　假如这时候窗子外有雪——街上，城墙上，屋脊上，都是雪，胡同口一家屋檐下偎着一个戴黑兜帽的巡警，半拢着睡眼，看棉团似的雪花在半空中跳着玩……假如这夜是一个深极了的啊，不是壁上挂钟的时针指示给我们看的深夜，这深就比是一个山洞的深，一个往下钻螺旋形的山洞的深……

　　假如我能有这样一个深夜，它那无底的阴森捻起我遍体的毫管；再能有窗子外不住往下筛的雪，筛淡了远近间飑动的市谣，筛泯了在泥道上挣扎的车轮，筛灭了脑壳中不妥协的潜流……

　　我要那深，我要那静。那在树荫浓密处躲着的夜鹰轻易不敢在天光还在照亮时出来睁眼。思想：它也得等。

　　青天里有一点子黑的。正冲着太阳耀眼，望不真，你把手遮着眼，对着那两株树缝里瞧，黑的，有橙子来大，不，有桃子来大——嘿，又移着往西了！

　　我们吃了中饭出来到海边去。（这是英国康槐尔极南的一角，三面是大西洋。）勖丽丽的叫响从我们的脚底下匀匀的往上颤，齐着腰，到了肩高，过了头顶，高入了云，高出了云。阿！你能不能把一种急震的乐音想像成一阵光明的细雨，从蓝天里冲着这

-186-

徐志摩传：我爱这不息的变幻

平铺着青绿的地面不住的下？不，那雨点都是跳舞的小脚，安琪儿的。云雀们也吃过了饭，离开了它们卑微的地巢飞往高处做工去。上帝给它们的工作，替上帝做的工作。瞧着，这儿一只，那边又起了两[1]！一起就冲着天顶飞，小翅膀活动的多快活，圆圆的，不踌躇的飞，——它们就认识青天。一起就开口唱，小嗓子活动的多快活，一颗颗小精圆珠子直往外唾，亮亮的唾，脆脆的唾，——它们赞美的是青天。瞧着，这飞得多高，有豆子大，有芝麻大，黑刺刺的一屑，直顶着无底的天顶细细的摇，——这全看不见了，影子都没了！但这光明的细雨还是不住的下着……

飞。"其翼若垂天之云……背负苍天，而莫之夭阏者"[2]：那不容易见着。我们镇上东关庙外有一座黄泥山，山顶上有一座七层的塔，塔尖顶着天。塔院里常常打钟，钟声响动时，那在太阳西晒的时候多，一枝艳艳的大红花贴在西山的鬓边回照着塔山上的云彩，——钟声响动时，绕着塔顶尖，摩着塔顶天，穿着塔顶云，有一只两只有时三只四只有时五只六只蜷着爪往地面瞧的"饿老鹰"，撑开了它们灰苍苍的大翅膀没挂恋似的在盘旋，在半空中浮着，在晚风中泅着，仿佛是按着塔院钟的波荡来练习圆舞似的。那是我做孩子时的"大鹏"。有时好天抬头不见一瓣云的时候听着虢忧忧的叫响，我们就知道那是宝

---

1. 此处疑少一"只"字。

2. 出自《庄子·北冥有鱼》。

塔上的饿老鹰寻食吃来了,这一想像半天里秃顶圆睛的英雄,我们背上的小翅膀骨上就仿佛豁出了一锉锉铁刷似的羽毛,摇起来呼呼响的,只一摆就冲出了书房门,钻入了玳瑁镶边的白云里玩儿去,谁耐烦站在先生书桌前晃着身子背早上上的多难背的书!阿飞!不是那在树枝上矮矮的跳着的麻雀儿的飞;不是那发[1]天黑从堂扁后背冲出来赶蚊子吃的蝙蝠的飞;也不是那软尾巴软嗓子做窠在堂檐上的燕子的飞。要飞就得满天飞,风拦不住云挡不住的飞,一翅膀就跳过一座山头,影子下来遮得阴二十亩稻田的飞,到天晚飞倦了就来绕着那塔顶尖顺着风向打圆圈做梦……听说饿老鹰会抓小鸡!

飞。人们原来都是会飞的。天使们有翅膀,会飞,我们初来时也有翅膀,会飞。我们最初来就是飞了来的,有的做完了事还是飞了去,他们是可羡慕的。但大多数人是忘了飞的,有的翅膀上吊了毛不长再也飞不起来,有的翅膀叫胶水给胶住了再也拉不开,有的羽毛叫人给修短了像鸽子似的只会在地上跳,有的拿背上一对翅膀上当铺去典钱使过了期再也赎不回……真的,我们一过了做孩子的日子就掉了飞的本领。但没了翅膀或是翅膀坏了不能用是一件可怕的事。因为你再也飞不回去,你蹲在地上呆望着飞不上去的天,看旁人有福气的一程一程的在青云里逍遥,那多可怜。而且翅膀又不比是你脚上的鞋,穿烂

---

1. 疑为"凑"字之误。

了可以再问妈要一双去,翅膀可不成,折了一根毛就是一根,没法给补的。还有,单顾着你翅膀也还不定规到时候能飞,你这身子要是不谨慎养太肥了,翅膀力量小再也拖不起,也是一样难不是?一对小翅膀驮不起一个胖肚子,那情形多可笑!到时候你听人家高声的招呼说,朋友,回去罢,趁这天还有紫色的光,你听他们的翅膀在半空中沙沙的摇响,朵朵的春云跳过来拥着他们的肩背,望着最光明的来处翩翩的,冉冉的,轻烟似的化出了你的视域,像云雀似的只留下一泻光明的骤雨——"Thou art unseen, but yet I hear the shrill delight"[1]——那你,独自在泥途里淹着,够多难受,够多懊恼,够多寒伧!趁早留神你的翅膀,朋友。

是人没有不想飞的。老是在这地面上爬着够多厌烦,不说别的。飞出这圈子,飞出这圈子!到云端里去,到云端里去!哪个心里不成天千百遍的这么想?飞上天空去浮着;看地球这弹丸在太空里滚着,从陆地看到海,从海再看回陆地。凌空去看一个明白——这才是做人的趣味,做人的权威,做人的交代。这皮囊要是太重挪不动,就掷了它,可能的话,飞出这圈子,飞出这圈子!

人类初发明用石器的时候,已经想长翅膀。想飞。原人洞壁上画的四不像,它的背上掮着翅膀;拿着弓箭赶野兽的,他那肩背上也给安了翅膀。小爱神是有一对粉嫩的肉翅的。挨开

---

1. 意为:"你无影无踪,但我仍听见你的欢声尖叫。"

拉斯[1]（Icarus）是人类飞行史里第一个英雄，第一次牺牲。安琪儿（那是理想化的人）第一个标记是帮助他们飞行的翅膀。那也有沿革——你看西洋画上的表现。最初像是一对小精致的令旗，蝴蝶似的粘在安琪儿们的背上，像真的，不灵动的。渐渐的翅膀长大了，地位安准了，毛羽丰满了。画图上的天使们长上了真的可能的翅膀。人类初次实现了翅膀的观念，彻悟了飞行的意义。挨开拉斯闪不死的灵魂，回来投生又投生。人类最大的使命，是制造翅膀，最大的成功是飞！理想的极度，想象的止境，从人到神！诗是翅膀上出世的；哲理是在空中盘旋的。飞：超脱一切，笼盖一切，扫荡一切，吞吐一切。

你上那边山峰顶上试去，要是渡不到这边山峰上，你就得到这万丈的深渊里去找你的葬身地！"这人形的鸟会有一天试他第一次的飞行，给这世界惊骇，使所有的著作赞美，给他所从来的栖息处永久的光荣。"啊达文謇[2]！

但是飞？自从挨开拉斯以来，人类的工作是制造翅膀，还是束缚翅膀？这翅膀，承上了文明的重量，还能飞吗？都是飞了来的，还都能飞了回去吗？钳住了，烙住了，压住了，——

---

1. 挨开拉斯，通译伊卡洛斯。他是希腊神话中代达罗斯的儿子，与代达罗斯使用蜡和羽毛造的翼逃离克里特岛时。他因飞得太高，双翼上的蜡遭太阳融化跌落水中丧生，被埋葬在一个海岛上。

2. 达文謇，通译达·芬奇。全名为莱昂纳多·迪·赛尔·皮耶罗·达·芬奇（Leonardo Di Ser Piero Da Vinci, 1452—1519），欧洲文艺复兴时期的杰出代表人物，创作了诸多精湛的绘画作品。代表作品有《蒙娜丽莎》《最后的晚餐》《哈默手稿》等。

这人形的鸟会有试他第一次飞行的一天吗?……

同时天上那一点子黑的已经迫近在我的头顶,形成了一架鸟形的机器,忽的机沿一侧,一球光直往下注,砰的一声炸响,——炸碎了我在飞行中的幻想,青天里平添了几堆破碎的浮云。

(原刊1926年4月19日《晨刊副刊》,收入《自剖文集》)

民国七年八月十四日徐志摩启行赴美文

诸先生既祖饯之，复临送之，其惠于摩者至，抑其期于摩者深矣。

窃闻之，谋不出几席者，忧隐于眉睫，足不逾闾里者，知拘于蓬蒿。诸先生于志摩之行也，岂不曰国难方兴，忧心如捣，室如县罄，野无青草，嗟尔青年，维国之宝，慎尔所习，以骍我脑。诚哉，是摩之所以引惕而自励也。

传曰：父母在，不远游。今弃祖国五万里，违父母之养，入异俗之域，舍安乐而耽劳苦，固未尝不痛心欲泣，而卒不得已者，将以忍小剧而克大绪也。耻德业之不立，遑恤斯须之辛苦，悼邦国之殄瘁，敢恋晨昏之小节，刘子舞剑，良有以也；祖生击楫，岂徒然哉。惟以华夏文物之邦，憯不能使有志之士，左右逢源，至于跋涉间关，乞他人之糟粕，作无憀之妄想，其亦可悲而可恸矣。

垂髫之年，辄抵掌慷慨，以破浪乘风为人生至乐，今自出海以来，身之所历，目之所触，皆足悲哭呜咽，不自知涕之何从也，而何有于乐？

我国自戊戌政变，渡海求学者，岁积月增。比其反也，与闻国政者有之，置身实业者有之，投闲置散者有之。其上焉者，非无宏才也，或蔽于利。其中焉者，非无绩学也，或绌于用。其下焉者，非鲋涸无援，即枉寻直尺。悲夫！是国之宝也，而颠倒错乱若是。岂无志士，曷不急起直追，取法意大利之三杰，而犹徘徊因循，岂待穷途日暮而后夺博浪之椎，效韩安之狙？须知世杰秀夫不得回珠崖之飓，哥修士哥不获续波兰之祀。

所谓青年爱国者何如？尝试论之：夫读书至于感怀国难，决然远迈，方其浮海而东也，岂不慨然以天下为己任？及其足履目击，动魄刿心，未尝不握拳呼天，油然发其爱国之忱。其竟学而归，又未尝不思善用其所学，以利导我国家。虽然我徒见其初而已，得志而后，能毋徇私营利，犯天下之大不韪者鲜矣，又安望以性命，任天下之重哉！夫西人贾竖之属，皆知爱其国，而吾所恃以为国宝者，咻咻乎不举其国而售之不止。即有一二英俊不谄之士，号呼奔走，而大厦将倾，固非一木所能支。且社会道德日益滔滔，庸庸者流引鸩自绝，而莫之止，虽欲不死得乎？窃以是窥其隐矣。

游学生之不竞，何以故？以其内无所确持，外无所信约。人非生而知之，固将困而学之也。内无所持，故怯、固蔽、固易诱；外无所约，故贪、故谲、故披猖。怯则畏难而耽安，蔽则蒙利而蔑义，易诱则天真日汨，耆欲日深。腐于内则溃其皮，丧其本，斯败于行。贪以求，谲以伎，放行无忌，万恶骈生。得志则祸天下，委伏则乱乡党，如水就下，不得其道则泛滥横溢，势也，不可得而御也。如之何则可？曰：疏其源，导其流，而水为民利矣。我故曰："必内有所确持，外有所信约者，此疏导之法也。"庄生曰："内外犍。"朱子曰："内外交养。"皆是术也。

确持奈何？言致其诚，习其勤，言诚自不欺，言勤自夙兴，庄敬笃励，意趣神明，志足以自固，识足以自察，恒足以自立。若是乎，金石可穿，鬼神可格，物虽欲厉之，容可信乎！信约奈何？人之生也，必有严师友督饬之，而后能规化于善。圣人忧民生之无度也，为之礼乐以范之，伦常以约之。方今沧海横流之际，固非一二人之力可以排翼而砥柱，必也集同志，严誓约，明气节，革弊俗。积之深，而后发之大，众志成城，而后可有为于天下。

若是乎，虽欲为不善，而势有所不能。而况益之以内养之功，光明灿烂，蔚为世表，贤者尽其才，而不肖者止于无咎。拨乱反正，雪耻振威，其在斯乎？其在斯乎？或曰：子言之易欤！行子之道者有之而未成也，奈何？然则必其持之未确也，约之未信也，偏于内则俭，骛于外则繁。世有英彦，必证吾言。况今日之世，内忧外患，志士贲兴，所谓时势造英雄也。

时乎！时乎！国运以苟延也今日，作波韩之续也今日，而今日之事，吾属青年，实负其责。勿以地大物博，妄自夸诞，往者不可追，来者犹可谏。夫朝野之醉生梦死，固足自亡绝，而况他人之鱼肉我耶？

志摩满怀凄怆，不觉其言之冗而气之激，瞻彼弁髦，愍如捣兮，有不得不一吐其愚以商榷于我诸先进之前也。摩少鄙，不知世界之大，感社会之恶流，几何不丧其所操，而入醉生梦死之途？此其自为悲怜不暇，故益自奋勉，将悃悃愊愊，致其忠诚，以践今日之言。幸而有成，亦所以答诸先生期望之心于万一也！

我所知道的康桥

一

我这一生的周折,大都寻得出感情的线索。不论别的,单说求学。我到英国是为要从卢梭[1]。卢梭来中国时,我已经在美国。他那不确的死耗传到的时候,我真的出眼泪不够,还做悼诗来了。他没有死,我自然高兴。我摆脱了哥伦比亚大博士衔的引诱,买船票过大西洋,想跟这位二十世纪的福禄泰尔[2]认真念一点书去。谁知一到英国才知道事情变样了:一为他在战时主张和平,二为他离婚,卢梭叫康桥给除名了,他原来是Trinity College(剑桥大学三一学院)的fellow(评议员),这来他的fellowship(评议员资格)也给取销了。他回英国后就在伦敦住下,夫妻两人卖文章过日子。

因此我也不曾遂我从学的始愿。我在伦敦政治经济学院里

---

1. 卢梭,通译罗素。

2. 福禄泰尔,通译伏尔泰。本名弗朗索瓦-马利·阿鲁埃(Fran ois-Marie Arouet, 1694—1778),笔名伏尔泰(Voltaire),法国启蒙思想家、文学家、哲学家。代表作品有《哲学通信》《路易十四时代》《老实人》等。

混了半年，正感着闷想换路走的时候，我认识了狄更生先生。狄更生——Goldsworthy Lowes Dickinson——是一个有名的作者，他的《一个中国人通信》（*Letters from John Chinaman*）与《一个现代聚餐谈话》（*A Modern Symposium*）两本小册子早得了我的景仰。我第一次会着他是在伦敦国际联盟协会席上，那天林宗孟先生演说，他做主席；第二次是宗孟寓里吃茶，有他。

以后我常到他家里去。他看出我的烦闷，劝我到康桥去，他自己是王家学院（King's College）的fellow。我就写信去问两个学院，回信都说学额早满了，随后还是狄更生先生替我去在他的学院里说好了，给我一个特别生的资格，随意选科听讲。从此黑方巾黑披袍的风光也被我占着了。初起我在离康桥六英里的乡下叫沙士顿地方租了几间小屋住下，同居的有我从前的夫人张幼仪女士与郭虞裳君。每天一早我坐街车（有时自行车）上学，到晚回家。这样的生活过了一个春，但我在康桥还只是个陌生人，谁都不认识，康桥的生活，可以说完全不曾尝着，我知道的只是一个图书馆，几个课室，和三两个吃便宜饭的茶食铺子。狄更生常在伦敦或是大陆上，所以也不常见他。那年的秋季我一个人回到康桥，整整有一学年，那时我才有机会接近真正的康桥生活，同时我也慢慢的"发见"了康桥。我不曾知道过更大的愉快。

二

"单独"是一个耐寻味的现象。我有时想它是任何发现的第一个条件。你要发现你的朋友的"真",你得有与他单独的机会。你要发见你自己的真,你得给你自己一个单独的机会。

你要发见一个地方(地方一样有灵性),你也得有单独玩的机会。

我们这一辈子,认真说,能认识几个人?能认识几个地方?我们都是太匆忙,太没有单独的机会。说实话,我连我的本乡都没有什么了解。康桥我要算是有相当交情的,再次许只有新认识的翡冷翠[1]了。阿,那些清晨,那些黄昏,我一个人发痴似的在康桥!绝对的单独。

但一个人要写他最心爱的对象,不论是人是地,是多么使他为难的一个工作?你怕,你怕描坏了它,你怕说过分了恼了它,你怕说太谨慎了辜负了它。我现在想写康桥,也正是这样的心理,我不曾写,我就知道这回是写不好的——况且又是临时逼出来的事情。但我却不能不写,上期预告已经出去了。我想勉强分两节写,一是我所知道的康桥的天然景色,一是我所知道的康桥的学生生活。我今晚只能极简的写些,等以后有兴会时再补。

1.翡冷翠,通译佛罗伦萨(Firenze),意大利中部城市。

三

康桥的灵性全在一条河上；康河，我敢说，是全世界最秀丽的一条水。河的名字是葛兰大（Granta），也有叫康河（River Cam）的，许有上下流的区别，我不甚清楚，河身多的是曲折，上游是有名的拜伦潭——"Byron's Pool"——当年拜伦常在那里玩的；有一个老村子叫格兰骞斯德，有一个果子园，你可以躺在累累的桃李树荫下吃茶，茶果会掉入你的茶杯，小雀子会到你桌上来啄食，那真是别有一番天地，这是上游；下游是从骞斯德顿下去，河面展开，那是春夏间竞舟的场所。上下河分界处有一个坝筑，水流急得很，在星光下听水声，听近村晚钟声，听河畔倦牛刍草声，是我康桥经验中最神秘的一种：大自然的优美，宁静，调谐在这星光与波光的默契中不期然的淹入了你的性灵。

但康河的精华是在它的中流，著名的"Backs"[1]，这两岸是几个最蜚声的学院的建筑。从上面下来是 Pembroke, St.Katharine's, King's, Clare, Trinity, St.John's。最令人留连的一节是克莱亚与王家学院的毗连处，克莱亚的秀丽紧邻着王家教堂（King's Chapel）的宏伟。别的地方尽有更美更庄严的建筑，

---

1. "Backs"，即"The College Backs"，意为后园景观，据说在康河租船，船夫会询问"Granta or Colleges?"意为"去学校还是庭院？"

例如巴黎赛因河的罗浮宫一带,威尼斯的利阿尔多大桥的两岸,翡冷翠维基乌大桥的周遭;但康桥的"Backs"自有它的特长,这不容易用一二个状词来概括,它那脱尽尘埃气的一种清澈秀逸的意境可说是超出了画图而化生了音乐的神味。

再没有比这一群建筑更调谐更匀称的了!论画,可比的许只有柯罗(Corot)的田野;论音乐,可比的许只有肖班[1](Chopin)的夜曲。就这也不能给你依稀的印象,它给你的美感简直是神灵性的一种。

假如你站在王家学院桥边的那棵大椈树荫下眺望,右侧面,隔着一大方浅草坪,是我们的校友居(Fellows Building),那年代并不早,但它的妩媚也是不可掩的,它那苍白的石壁上春夏间满缀着艳色的蔷薇在和风中摇颤,更移左是那教堂,森林似的尖阁不可逊的永远直指着天空;更左是克莱亚,阿!那不可信的玲珑的方庭,谁说这不是圣克莱亚(St.Clare)的化身,那一块石上不闪耀着她当年圣洁的精神?在克莱亚后背隐约可辨的是康桥最潇贵最骄纵的三清学院(Trinity),它那临河的图书楼上坐镇着拜伦神采惊人的雕像。

但这时你的注意早已叫克莱亚的三环洞桥魔术似的摄住。

你见过西湖白堤上的西泠断桥不是(可怜它们早已叫代表近代丑恶精神的汽车公司给踩平了,现在它们跟着苍凉的雷峰

1.肖班,通译肖邦。全名为弗里德里克·弗朗索瓦·肖邦(Fryderyk Franciszek Chopin, 1810—1849),波兰作曲家、钢琴家。

永远辞别了人间)？你忘不了那桥上斑驳的苍苔，木栅的古色，与那桥拱下泄露的湖光与山色不是？克莱亚并没有那样体面的衬托，它也不比庐山栖贤寺旁的观音桥，上瞰五老的奇峰，下临深潭与飞瀑；它只是怯怜怜的一座三环洞的小桥，它那桥洞间也只掩映着细纹的波粼与婆娑的树影，它那桥上栉比的小穿阑与阑节顶上双双的白石球，也只是村姑子头上不夸张的香草与野花一类的装饰；但你凝神的看着，更凝神的看着，你再反省你的心境，看还有一丝屑的俗念沾滞不？只要你审美的本能不曾泯灭时，这是你的机会实现纯粹美感的神奇！

但你还得选你赏鉴的时辰。英国的天时与气候是走极端的。

冬天是荒谬的坏，逢着连绵的雾盲天你一定不迟疑的甘愿进地狱本身去试试；春天（英国是几乎没有夏天的）是更荒谬的可爱，尤其是它那四五月间最渐缓最艳丽的黄昏，那才真是寸寸黄金。

在康河边上过一个黄昏是一服灵魂的补剂。阿！我那时蜜甜的单独，那时蜜甜的闲暇。一晚又一晚的，只见我出神似的倚在桥阑上向西天凝望——看一回凝静的桥影，数一数螺细的波纹；我倚暖了石阑的青苔，青苔凉透了我的心坎……还有几句更笨重的怎能仿佛那游丝似轻妙的情景：难忘七月的黄昏，远树凝寂，像墨泼的山形，衬出轻柔暝色，密稠稠，七分鹅黄，三分橘绿，那妙意只可去秋梦边缘捕捉……

四

  这河身的两岸都是四季常青最葱翠的草坪。从校友居的楼上望去，对岸草场上，不论早晚，永远有十数匹黄牛与白马，胫蹄没在恣蔓的草丛中，纵容的在咬嚼，星星的黄花在风中动荡，应和着它们尾鬃的扫拂。桥的两端有斜倚的垂柳与掬荫护住；水是澈底的清澄，深不足四尺，匀匀的长着长条的水草。

  这岸边的草坪又是我的爱宠，在清朝，在傍晚，我常去这天然的织锦上坐地，有时读书，有时看水，有时仰卧着看天空的行云，有时反仆着搂抱大地的温软。

  但河上的风流还不止两岸的秀丽。你得买船去玩。船不止一种：有普通的双桨划船，有轻快的薄皮舟（Canoe），有最别致的长形撑篙船（Punt）。最末的一种是别处不常有的：约莫有二丈长，三尺宽，你站直在船梢上用长竿撑着走的。这撑是一种技术。我手脚太蠢，始终不曾学会。你初起手尝试时，容易把船身横住在河中，东颠西撞的狼狈。英国人是不轻易开口笑人的，但是小心他们不出声的皱眉！也不知有多少次河中本来优闲的秩序叫我这莽撞的外行给搅乱了。我真的始终不曾学会；每回我不服输跑去租船再试的时候，有一个白胡子的船家往往带讥讽的对我说："先生，这撑船费劲，天热累人，还是拿个薄皮舟溜溜吧！"我那里肯听话，长篙子一点就把船撑了开去，结果还是把河身一段段的腰斩了去！

你站在桥上去看人家撑，那多不费劲，多美，尤其在礼拜天有几个专家的女郎，穿一身缟素衣服，裙裾在风前悠悠的飘着，戴一顶宽边的薄纱帽，帽影在水草间颤动，你看她们出桥洞时的姿态，捻起一根竟像没有分量的长竿，只轻轻的，不经心的往波心里一点，身子微微的一蹲，这船身便波的转出了桥影，翠条鱼似的向前滑了去。她们那敏捷，那闲暇，那轻盈，真是值得歌咏的。

在初夏阳光渐暖时你去买一支小船，划去桥边荫下躺着念你的书或是做你的梦，槐花香在水面上飘浮，鱼群的唼喋声在你的耳边挑逗。或是在初秋的黄昏，近着新月的寒光，望上流僻静处远去。爱热闹的少年们携着他们的女友，在船沿上支着双双的东洋彩纸灯带着话匣子，船心里用软垫铺着，也开向无人迹处去享他们的野福——谁不爱听那水底翻的音乐在静定的河上描写梦意与春光！

住惯城市的人不易知道季候的变迁。看见叶子掉知道是秋，看见叶子绿知道是春；天冷了装炉子，天热了拆炉子；脱下棉袍，换上夹袍，脱下夹袍，穿上单袍；不过如此罢了。天上星斗的消息，地下泥土里的消息，空中风吹的消息，都不关我们的事。忙着哪，这样那样事情多着，谁耐烦管星星的移转，花草的消长，风云的变幻？同时我们抱怨我们的生活，苦痛，烦闷，拘束，枯燥，谁肯承认做人是快乐？谁不多少间咒诅人生？

但不满意的生活大都是由于自取的。我是一个生命的信仰者，我信生活决不是我们大多数人仅仅从自身经验推得的那样暗惨。我们的病根是在"忘本"。人是自然的产儿，就比枝头的花与鸟是自然的产儿；但我们不幸是文明人，入世深似一天，离自然远似一天。离开了泥土的花草，离开了水的鱼，能快活吗？能生存吗？从大自然，我们取得我们的生命；从大自然，我们应分取得我们继续的滋养。那一株婆娑的大木没有盘错的根柢深入在无尽藏的地里？我们是永远不能独立的。有幸福是永远不离母亲抚育的孩子，有健康是永远接近自然的人们。不必一定与鹿豕游，不必一定回"洞府"去；为医治我们当前生活的枯窘，只要"不完全遗忘自然"一张轻淡的药方我们的病象就有缓和的希望。在青草里打几个滚，到海水里洗几次浴，到高处去看几次朝霞与晚照——你肩背上的负担就会轻松了去的。

这是极肤浅的道理，当然。但我要没有过遇康桥的日子，我就不会有这样的自信。我这一辈子就只那一春，说也可怜，算是不曾虚度。就只那一春，我的生活是自然的，是真愉快的！（虽则碰巧那也是我最感受人生痛苦的时期。）我那时有的是闲暇，有的是自由，有的是绝对单独的机会。说也奇怪，竟像是第一次，我辨认了星月的光明，草的青，花的香，流水的殷勤。我能忘记那初春的睥睨吗？曾经有多少个清晨我独自冒着冷去薄霜铺地的林子里闲步——为听鸟语，为盼朝阳，为寻泥土里渐次苏醒的花草，为体会最微细最神妙的春信。阿，那是新来的画眉在那边凋不尽的青枝上试它的新声！阿，这是第一朵小雪球花挣出了半冻的地面！阿，这不是新来的潮润沾上了寂寞的柳条？

　　静极了，这朝来水溶溶的大道，只远处牛奶车的铃声，点缀这周遭的沉默。顺着这大道走去，走到尽头，再转入林子里的小径，往烟雾浓密处走去，头顶是交枝的榆荫，透露着漠楞楞的曙色；再往前走去，走尽这林子，当前是平坦的原野，望见了村舍，初青的麦田，更远三两个馒形的小山掩住了一条通道。天边是雾茫茫的，尖尖的黑影是近村的教寺。听，那晓钟和缓的清音。这一带是此邦中部的平原，地形像是海里的轻波，默沉沉的起伏；山岭是望不见的，有的是常青的草原与沃腴的田壤。登那土阜上望去，康桥只是一带茂林，拥戴着几处娉婷的尖阁。妩媚的康河也望不见踪迹，你只能循着那锦带似的林木想象那一流清浅。村舍与树林是这地盘上的棋子，有村舍处有佳荫，有佳荫处有村舍。这早起是看炊烟的时辰：朝雾渐渐的升起，揭开了这灰苍苍的天幕（最好是微霰后的光景），远近的炊烟，成丝的，成缕的，成卷的，轻快的，迟重的，浓灰的，淡青的，惨白的，在静定的朝气里渐渐的上腾，渐渐的不见，仿佛是朝来人们的祈祷，参差的翳入了天听。朝阳是难得见的，这初春的天气。但它来时是起早人莫大的愉快。顷刻间这田野添深了颜色，一层轻纱似的金粉糁上了这草，这树，这通道，这庄舍。顷刻间这周遭弥漫了清晨富丽的温柔。顷刻间你的心怀也分润了白天诞生的光荣。"春!"这胜利的晴空仿佛在你的耳边私语。"春!"你那快活的灵魂也仿佛在那里回响。

伺候着河上的风光,这春来一天有一天的消息。关心石上的苔痕,关心败草里的花鲜,关心这水流的缓急,关心水草的滋长,关心天上的云霞,关心新来的鸟语。怯怜怜的小雪球是探春信的小使。铃兰与香草是欢喜的初声。窈窕的莲馨,玲珑的石水仙,爱热闹的克罗克斯,耐辛苦的浦公英与雏菊——这时候春光已是缦烂在人间,更不须殷勤问讯。

瑰丽的春放,这是你野游的时期。可爱的路政,这里不比中国,那一处不是坦荡荡的大道?徒步是一个愉快,但骑自转车是一个更大的愉快。在康桥骑车是普遍的技术;妇人,稚子,老翁,一致享受这双轮舞的快乐。(在康桥听说自转车是不怕人偷的,就为人人都自己有车,没人要偷。)任你选一个方向,任你上一条通道,顺着这带草味的和风,放轮远去,保管你这半天的逍遥是你性灵的补剂。这道上有的是清荫与美草,随地都可以供你休憩。你如爱花,这里多的是锦绣似的草原。你如爱鸟,这里多的是巧啭的鸣禽。你如爱儿童,这乡间到处是可亲的稚子。你如爱人情,这里多的是不嫌远客的乡人,你到处可以"挂单"借宿,有酪浆与嫩薯供你饱餐,有夺目的果鲜恣你尝新。你如爱酒,这乡间每"望"都为你储有上好的新酿,黑啤如太浓,苹果酒姜酒都是供你解渴润肺的。……带一卷书,走十里路,选一块清静地,看天,听鸟,读书,倦了时,和身在草绵绵处寻梦去——你能想像更适情更适性的消遣吗？

陆放翁有一联诗句："传呼快马迎新月，却上轻舆趁晚凉"[1]；这是做地方官的风流。我在康桥时虽没马骑，没轿子坐，却也有我的风流：我常常在夕阳西晒时骑了车迎着天边扁大的日头直追。日头是追不到的，我没有夸父的荒诞，但晚景的温存却被我这样偷尝了不少。有三两幅书画似的经验至今还是栩栩的留着。只说看夕阳，我们平常只知道登山或是临海，但实际只须辽阔的天际，平地上的晚霞有时也是一样的神奇。有一次我赶到一个地方，手把着一家村庄的篱笆，隔着一大田的麦浪，看西天的变幻。有一次是正冲着一条宽广的大道，过来一大群羊，放草归来的，偌大的太阳在它们后背放射着万缕的金辉，天上却是乌青青的，只剩这不可逼视的威光中的一条大路，一群生物！我心头顿时感着神异性的压迫，我真的跪下了，对着这冉冉渐翳的金光。再有一次是更不可忘的奇景，那是临着一大片望不到头的草原，满开着艳红的罂粟，在青草里亭亭的像是万盏的金灯，阳光从褐色云斜着过来，幻成一种异样紫色，透明似的不可逼视，霎那间在我迷眩了的视觉中，这草田变成了……不说也罢，说来你们也是不信的！

一别二年多了，康桥，谁知我这思乡的隐忧？也不想别的，我只要那晚钟撼动的黄昏，没遮拦的田野，独自斜倚在软草里，

---

[1]. 出自陆游的《醉中到白崖而归》。

看第一个大星在天边出现!

十五年一月十五日

(原刊1926年1月16至25日《晨报副刊》,收入《巴黎的鳞爪》)

我的彼得

新近有一天晚上,我在一个地方听音乐,一个不相识的小孩,约莫八九岁光景,过来坐在我的身边,他说的话我不懂,我也不易使他懂我的话,那可并不妨事,因为在几分钟内我们已经是很好的朋友,他拉着我的手,我拉着他的手,一同听台上的音乐。他年纪虽则小,他音乐的兴趣已经很深:他比着手势告我他也有一张提琴,他会拉,并且说那几个是他已经学会的调子。他那资质的敏慧,性情的柔和,体态的秀美,不能使人不爱;而况我本来是欢喜小孩们的。

但那晚虽则结识了一个可爱的小友,我心里却并不快爽;因为不仅见着他使我想起你,我的小彼得,并且在他活泼的神情里我想见了你,彼得,假如你长大的话,与他同年龄的影子。

你在时,与他一样,也是爱音乐的;虽则你回去的时候刚满三岁,你爱好音乐的故事,从你襁褓时起,我屡次听你妈与你的"大大"讲,不但是十分的有趣可爱,竟可说是你有天赋的凭证,在你最初开口学话的日子,你妈已经写信给我,说你听着了音乐便异常的快活,说你在坐车里常常伸出你的小手在车栏上跟着音乐按拍;你稍大些会得淘气的时候,你妈说,只要把话匣开上,你便在旁边乖乖的坐着静听,再也不出声不闹——并且你有的是可惊的口味,是贝德花芬[1]是槐格纳[2]你就爱,要是中国的戏片,你便盖没了你的小耳,决意不让无意味的锣鼓,打搅你的清听——你的大大(她多疼你!)讲给我听你得小提琴的故事:怎样那晚上买琴来的时候你已经在你的小床上睡好,怎样她们为怕你起来闹赶快灭了灯亮把琴放在你的床边,怎样你这小机灵早已看见,却偏不作声,等你妈与大大都上了床,你才偷偷的爬起来,摸着了你的宝贝,再也忍不住的你技痒,站在漆黑的床边,就开始你"截桑柴"[3]的本领,后来怎样她们干涉了你,你便乖乖的把琴抱进你的床去,一起安眠。她们又讲你怎样喜欢拿着一根短棍站在桌上模仿音乐会的导师,你那认真的神情常常叫在座人大笑。此外还有不少趣话,大大记得最清楚,她都讲给我听过;但这几件故事已够见证你小小的灵性里早长着音乐的慧根。实际我与你妈早经同意想叫你长大时留在德国学习音乐——谁知道在你的早殇里我们不失去了一个可能的毛赞德[4](Mozart):

1.贝德花芬,通译贝多芬。全名为路德维希·凡·贝多芬(Ludwig van Beethoven,1770—1827),维也纳古典乐派代表人物之一,欧洲古典主义时期作曲家。

2.槐格纳,通译瓦格纳,全名为威廉·理查德·瓦格纳(Wilhelm Richard Wagner,1813—1883),德国作曲家。开启了后浪漫主义歌剧作曲潮流。

3."截桑柴",方言,指意不明。

4.毛赞德,通译莫扎特,全名沃尔夫冈·阿玛多伊斯·莫扎特(Wolfgang Amadeus Mozart,1756—1791),欧洲古典主义音乐作曲家。

在中国音乐最饥荒的日子，难得见这一点希冀的青芽，又教运命无情的脚根踏倒，想起怎不可伤？

彼得，可爱的小彼得，我"算是"你的父亲，但想起我做父亲的往迹，我心头便涌起了不少的感想；我的话你是永远听不着了，但我想借这悼念你的机会，稍稍疏泄我的积愫，在这不自然的世界上，与我境遇相似或更不如的当不在少数，因此我想说的话或许还有人听，竟许有人同情。就是你妈，彼得，她也何尝有一天接近过快乐与幸福，但她在她同样不幸的境遇中证明她的智断，她的忍耐，尤其是她的勇敢与胆量；所以至少她，我敢相信，可以懂得我话里意味的深浅，也只有她，我敢说，最有资格指证或相诠释——在她有机会时——我的情感的真际。

但我的情愫！是怨，是恨，是忏悔，是怅惘？对着这不完全，不如意的人生，谁没有怨，谁没有恨，谁没有怅惘？除了天生颠顶的，谁不曾在他生命的经途中——葛德说的——和着悲哀吞他的饭，谁不曾拥着半夜的孤衾饮泣？我们应得感谢上苍的是他不可度量的心裁，不但在生物的境界中他创造了不可计数的种类，就这悲哀的人生也是因人差异，各各不同，——同是一个碎心，却没有同样的碎痕，同是一滴眼泪，却难寻同样的泪晶。

彼得我爱，我说过我是你的父亲。但我最后见你的时候你才不满四月，这次我再来欧洲你已经早一个星期回去，我见着的只你的遗像，那太可爱；与你一撮的遗灰，那太可惨。你生前日常把弄的玩具——小车，小马，小鹅，小琴，小书——你妈曾经件件的指给我看，你在时穿着的衣裙鞋帽，你妈与你大大也曾含着眼泪从箱里理出来给我抚摩，同时她们讲你生前的故事，直到你的影像活现在我的眼前，你的脚踪仿佛在楼板上踹响。你是不认识你父亲的，彼得，虽则我听说他的名字常在你的口边，他的肖像也常受你小口的亲吻，多谢你妈与你大大的慈爱与真挚，她们不仅永远把你放在她们心坎的底里，她们也使我，没福见着你的父亲，知道你，认识你，爱你，也把你的影像，活泼，美慧，可爱，永远镂上了我的心版。

那天在柏林的会馆里，我手捧着那收存你遗灰的锡瓶，你妈与你七舅站在旁边止不住滴泪，你的大大哽咽着，把一个小花圈挂上你的门前——那时间我，你的父亲，觉着心里有一个尖锐的刺痛，这才初次明白曾经有一点血肉从我自己的生命里分出，这才觉着父性的爱像泉眼似的在性灵里汩汩的流出：只可惜是迟了，这慈爱的甘液不能救活已经萎折了的鲜花，只能在他纪念日的周遭永远无声的流转。

彼得，我说我要借这机会稍稍爬梳我年来的郁积；但那也不见得容易；要说的话仿佛就在口边，但你要它们的时候，它们又不在口边：像是长在大块岩石底下的嫩草，你得有力量翻起那岩石才能把它不伤损的连根起出——谁知道那根长的多深！

是恨，是怨，是忏悔，是怅惘？许是恨，许是怨，许是忏悔，许是怅惘。荆棘刺入了行路人的胫踝，他才知道这路的难走；但为什么有荆棘？是它们自己长着，还是有人成心种着的？也许是你自己种下的？至少你不能完全抱怨荆棘，一则因为这道是你自愿才来走的，再则因为那刺伤是你自己的脚踏上了荆棘的结果，不是荆棘自动来刺你——但又谁知道？因此我有时想，彼得，像你倒真是聪明：你来时是一团活泼、光亮的天真，你去时也还是一个光亮、活泼的灵魂；你来人间真像是短期的作客，你知道的是慈母的爱，阳光的和暖与花草的美丽，你离开了妈的怀抱，你回到了天父的怀抱，我想他听你欣欣的回报这番作客——只尝甜浆，不吞苦水——的经验，他上年纪的脸上一定满布着笑容——你的小脚踝上不曾碰着过无情的荆棘，你穿来的白衣不曾沾着一斑的泥污。

但我们，比你住久的，彼得，却不是来作客；我们是遭放逐，无形的解差永远在后背催逼着我们赶道：为什么受罪，前途是那里，我们始终不曾明白，我们明白的只是底下流血的胫踝，只是这无思的长路，这时候想回头已经太迟，想中止也不可能，我们真的羡慕，彼得，像你那谪期的简净。

在这道上遭受的，彼得，还不止是难，不止是苦，最难堪的是逐步相追的嘲讽，身影似的不可解脱。我既是你的父亲，彼得，比方说，为什么我不能在你的生前，日子虽短，给你应得的慈爱，为什么要到这时候，你已经去了不再回来，我才觉着骨肉的关连？并且假如我这番不到欧洲，假如我在万里外接到你的死耗，我怕我只能看作水面上的云影，来时自来，去时自去：正如你生前我不知欣喜，你在时我不知爱惜，你去时也不能过分动我的情感。我自分不是无情，不是寡思，为什么我对自身的血肉，反是这般不近情的冷漠？彼得，我问为什么，这问的后身便是无限的隐痛：我不能怨，我不能恨，更无从悔，我只是怅惘，我只能问！明知是自苦的揶揄，但我只能忍受。

而况揶揄还不止此，我自身的父母，何尝不赤心的爱我；但他们的爱却正是造成我痛苦的原因：我自己也何尝不笃爱我的亲亲，但我不仅不能尽我的责任，不仅不曾给他们想望的快乐，我，他们的独子，也不免加添他们的烦愁，造作他们的痛苦，这又是为什么？在这里，我也是一般的不能恨，不能怨，更无从悔，我只是怅惘——我只能问。昨天我是个孩子，今天已是壮年；昨天腮边还带着圆润的笑涡，今天头上已见星星的白发；光阴带走的往迹，再也不容追赎，留下在我们心头的只是些揶揄的鬼影；我们在这道上偶尔停步回想的时候，只能投一个虚圈的"假使当初"，解嘲已往的一切。但已往的教训，即使有，也不能给我们利益，因为前途还是不减启程时的渺茫，我们还是不能选择自由的途径——到那天我们无形的解差喝住的时候，我们唯一的权利，我猜想，也只是再丢一个虚圈更大的"假使"，圆满这全程的寂寞，那就是止境了。

（原刊《自剖文集》，新月书店1928年1月初版）

诗 歌

康桥再会罢

康桥,再会罢;
我心头盛满了别离的情绪,
你是我难得的知己,我当年
辞别家乡父母,登太平洋去,
(算来一秋二秋,已过了四度
春秋,浪迹在海外,美土欧洲)
扶桑风色,檀香山芭蕉况味,
平波大海,开拓我心胸神意,
如今都变了梦里的山河,
渺茫明灭,在我灵府的底里;
我母亲临别的泪痕,她弱手
向波轮远去送爱儿的巾色,

海风咸味,海鸟依恋的雅意,

尽是我记忆的珍藏,我每次

摩按,总不免心酸泪落,便想

理箧归家,重向母怀中匐伏,

回复我天伦挚爱的幸福;

我每想人生多少跋涉劳苦,

多少牺牲,都只是枉费无补,

我四载奔波,称名求学,毕竟

在知识道上,采得几茎花草,

在真理山中,爬上几个峰腰,

钧天妙乐,曾否闻得,彩红[1]色,

可仍记得?——但我如何能回答?

我但自熹楼高车快的文明,

不曾将我的心灵污抹,今日

我对此古风古色,桥影藻密,

依然能坦[2]胸相见,惺惺惜别。

康桥,再会罢!

你我相知虽迟,然这一年中

---

1. 疑为"虹"字之误。

2. 疑为"袒"字之误。

我心灵革命的怒潮，尽冲泻
在你妩媚河身的两岸，此后
清风明月夜，当照见我情热
狂溢的旧痕，尚留草底桥边，
明年燕子归来，当记我幽叹
音节，歌吟声息，缦烂的云纹
霞彩，应反映我的思想情感，
此日撒向天空的恋意诗心，
赞颂穆静腾辉的晚景，清晨
富丽的温柔；听！那和缓的钟声
解释了新秋凉绪，旅人别意，
我精魂腾耀，满想化入音波，
震天彻地，弥盖我爱的康桥，
如慈母之于睡儿，缓抱软吻；
康桥！汝永为我精神依恋之乡！
此去身虽万里，梦魂必常绕
汝左右，任地中海疾风东指，
我亦必纤道西回，瞻望颜色；
归家后我母若问海外交好，
我必首数康桥；在温清冬夜
蜡梅前，再细辨此日相与况味；
设如我星明有福，素愿竟酬，

则来春花香时节,当复西航,
重来此地,再捡起诗针诗线,
绣我理想生命的鲜花,实现
年来梦境缠绵的销魂踪迹,
散香柔韵节,增媚河上风流;
故我别意虽深,我愿望亦密,
昨宵明月照林,我已向倾吐
心胸的蕴积,今晨雨色凄清,
小鸟无欢,难道也为是怅别
情深,累藤长草茂,涕泪交零!

康桥!山中有黄金,天上有明星,
人生至宝是情爱交感,即使
山中金尽,天上星散,同情还
永远是宇宙间不尽的黄金,
不昧的明星;赖你和悦宁静
的环境,和圣洁欢乐的光阴,
我心我智,方始经爬梳洗涤,
灵苗随春草怒生,沐日月光辉,
听自然音乐,哺啜古今不朽
——强半汝亲栽育——的文艺精英;
恍登万丈高峰,猛回头惊见

真善美浩瀚的光华，覆翼在
人道蠕动的下界，朗然照出
生命的经纬脉络，血赤金黄，
尽是爱主恋神的辛勤手绩；
康桥！你岂非是我生命的泉源？
你惠我珍品，数不胜数；最难忘
骞士德顿桥下的星磷坝乐，
弹舞殷勤，我常夜半凭阑干，
倾听牧地黑野中倦牛夜嚼，
水草间鱼跃虫啮，轻挑静寞；
难忘春阳晚照，泼翻一海纯金，
淹没了寺塔钟楼，长垣短堞，
千百家屋顶烟突，白水青山，
难忘茂林中老树纵横；巨干上
黛薄茶青，却教斜刺的朝霞，
抹上些微胭脂春意，忸怩神色；
难忘七月的黄昏，远树凝寂，
像墨泼的山形，衬出轻柔瞑[1]色，
密稠稠，七分鹅黄，三分橘绿，
那妙意只可去秋梦边缘捕捉；

---

1. 疑为"暝"字之误。

难忘榆荫中深宵清啭的诗禽，
一腔情热，教玫瑰嚼泪点首，
满天星环舞幽吟，款住远近
浪漫的梦魂，深深迷恋香境；
难忘村里姑娘的腮红颈白；
难忘屏绣康河的垂柳婆娑，
娜娜的克莱亚，硕美的校友居；
——但我如何能尽数，总之此地
人天妙合，虽微如寸芥残垣，
亦不乏纯美精神；流贯其间，
而此精神，正如宛次宛土所谓
"通我血液，浃我心脏"，有"镇驯
矫饬之功"；我此去虽归乡土，
而临行怫怫，转若离家赴远；
康桥！我故里闻此，能弗怨汝
僭爱，然我自有谠言代汝答付；
我今去了，记好明春新杨梅
上市时节，盼望我含笑归来，
再见吧，我爱的康桥！

（1922年8月10日作）

希望的埋葬

希望，只如今……
如今只剩些遗骸；
可怜，我的心……
却教我如何埋掩？
希望，我抚摩着
你惨变的创伤，
在这冷默的冬夜
谁与我商量埋葬？
埋你在秋林之中，
幽涧之边，你愿否，
朝餐泉乐的琤琳，
暮偎着松茵的香柔？
我收拾一筐的红叶，
露凋秋伤的枫叶，
铺盖在你新坟之上，——
长眠着美丽的希望！
我唱一支惨淡的歌，
与秋林的秋声相和；
滴滴凉露似的清泪，
洒遍了你清冷的新墓！

我手抱你冷残的衣裳，
凄怀你生前的经过——
一个遭不幸的爱母
思想一场抚养的辛苦。
我又舍不得将你埋葬，
希望，我的生命与光明！
像那个情疯了的公主，
紧搂住她爱人的冷尸！
梦境似的惝恍，
毕竟是谁存与谁亡？
是谁在悲唱，希望！
你，我，是谁替谁埋葬？
"美是人间不死的光芒，"
不论是生命，或是希望；
便冷骸也发生命的神光，
何必问秋林红叶去埋葬？

（1923年1月24日作）

石虎胡同七号

我们的小园庭，有时荡漾着无限温柔；
善笑的藤娘，祖酥怀任团团的柿掌绸缪，
百尺的槐翁，在微风中俯身将棠姑抱搂，
黄狗在篱边，守候睡熟的珀儿，他的小友，
小雀儿新制求婚的艳曲，在媚唱无休——
我们的小园庭，有时荡漾着无限温柔。
我们的小园庭，有时淡描着依稀的梦景；
雨过的苍茫与满庭荫绿，织成无声幽暝，
小蛙独坐在残兰的胸前，听隔院蚓鸣，
一片化不尽的雨云，倦展在老槐树顶，
掠檐前作圆形的舞旋，是蝙蝠，还是蜻蜓？
我们的小园庭，有时淡描着依稀的梦景。

我们的小园庭，有时轻喟着一声奈何；
奈何在暴雨时，雨捶下捣烂鲜红无数，
奈何在新秋时，未凋的青叶惆怅地辞树，
奈何在深夜里，月儿乘云艇归去，西墙已度，
远巷薤露的乐音，一阵阵被冷风吹过——
我们的小园庭，有时轻喟着一声奈何。

我们的小园庭，有时沉浸在快乐之中；
雨后的黄昏，满院只美荫，清香与凉风，
大量的蹇翁，巨樽在手，蹇足直指天空，
一斤，两斤，杯底喝尽，满怀酒欢，满面酒红，
连珠的笑声中，浮沉着神仙似的酒翁——
我们的小园庭，有时沉浸在快乐之中。

（1923年作）

雪花的快乐

假如我是一朵雪花，
翩翩的在半空里潇洒，
我一定认清我的方向——
飞飏，飞飏，飞飏——
这地面上有我的方向。

不去那冷寞的幽谷，
不去那凄清的山麓，
也不上荒街去惆怅——
飞飏，飞飏，飞飏——
你看，我有我的方向！

在半空里娟娟的飞舞,
认明了那清幽的住处,
等着她来花园里探望——
飞飏,飞飏,飞飏——
啊,她身上有朱砂梅的清香!

那时我凭藉我的身轻,
盈盈的,沾住了她的衣襟,
贴近她柔波似的心胸——
消溶,消溶,消溶——
溶入了她柔波似的心胸!

(1924年12月30日作)

这是一个懦怯的世界

这是一个懦怯的世界,
容不得恋爱,容不得恋爱!
披散你的满头发,
赤露你的一双脚;
跟著我来,我的恋爱,

抛弃这个世界
殉我们的恋爱!

我拉著你的手,
爱,你跟著我走;
听凭荆棘把我们的脚心刺透,
听凭冰雹劈破我们的头,
你跟著我走,
我拉著你的手,
逃出了牢笼,恢复我们的自由!

跟著我来,
我的恋爱!
人间已经掉落在我们的后背,——
看呀,这不是白茫茫的大海?
白茫茫的大海,
白茫茫的大海,
无边的自由,我与你与恋爱!

顺着我的指头看,
那天边一小星的蓝——
那是一座岛,岛上有青草,

鲜花,美丽的走兽与飞鸟;

快上这轻快的小艇,

去到那理想的天庭——

恋爱,欢欣,自由——辞别了人间,永远!

(1925年2月作)

翡冷翠的一夜

你真的走了,明天?那我,那我,……

你也不用管,迟早有那一天;

你愿意记着我,就记着我,

要不然趁早忘了这世界上

有我,省得想起时空着恼,

只当是一个梦,一个幻想;

只当是前天我们见的残红,

怯怜怜的在风前抖擞,一瓣,

两瓣,落地,叫人踩,变泥……

唉,叫人踩,变泥——变了泥倒干净,

这半死不活的才叫是受罪,

看着寒伧,累赘,叫人白眼——

天呀!你何苦来,你何苦来……

我可忘不了你，那一天你来，
就比如黑暗的前途见了光彩，
你是我的先生，我爱，我的恩人，
你教给我甚么是生命，甚么是爱，
你惊醒我的昏迷，偿还我的天真，
没有你我那知道天是高，草是青？
你摸摸我的心，它这下跳得多快；
再摸我的脸，烧得多焦，亏这夜黑
看不见；爱，我气都喘不过来了，
别亲我了；我受不住这烈火似的活，
这阵子我的灵魂就像是火砖上的
熟铁，在爱的锤子下，砸，砸，火花
四散的飞洒……我晕了，抱着我，
爱，就让我在这儿清静的园内，
闭着眼，死在你的胸前，多美！
头顶白杨树上的风声，沙沙的，
算是我的丧歌，这一阵清风，
橄榄林里吹来的，带着石榴花香，
就带了我的灵魂走，还有那萤火，
多情的殷勤的萤火，有他们照路，
我到了那三环洞的桥上再停步，
听你在这儿抱着我半暖的身体，

悲声的叫我，亲我，摇我，咂我；……
我就微笑的再跟着清风走，
随他领着我，天堂，地狱，那儿都成，
反正丢了这可厌的人生，实现这死
在爱里，这爱中心的死不强如
五百次的投生？……自私，我知道，
可我也管不着……你伴着我死？
什么，不成双就不是完全的"爱死"，
要飞升也得两对翅膀儿打伙，
进了天堂还不一样的要照顾，
我少不了你，你也不能没有我；
要是地狱，我单身去你更不放心，
你说地狱不定比这世界文明
（虽则我不信，）像我这娇嫩的花朵，
难保不再遭风暴，不叫雨打，
那时候我喊你，你也听不分明，——
那不是求解脱反投进了泥坑，
倒叫冷眼的鬼串通了冷心的人，
笑我的命运，笑你懦怯的粗心？
这话也有理，那叫我怎么办呢？
活着难，太难，就死也不得自由，
我又不愿你为我牺牲你的前程……

唉！你说还是活着等，等那一天！
有那一天吗？——你在，就是我的信心；
可是天亮你就得走，你真的忍心
丢了我走？我又不能留你，这是命；
但这花，没阳光晒，没甘露浸，
不死也不免瓣尖儿焦萎，多可怜！
你不能忘我，爱，除了在你的心里，
我再没有命；是，我听你的话，我等，
等铁树儿开花我也得耐心等；
爱，你永远是我头顶的一颗明星：
要是不幸死了，我就变一个萤火，
在这园里，挨着草根，暗沈沈的飞，
黄昏飞到半夜，半夜飞到天明，
只愿天空不生云，我望得见天，
天上那颗不变的大星，那是你，
但愿你为我多放光明，隔着夜，
隔着天，通着恋爱的灵犀一点……

六月十一日，一九二五年翡冷翠山中

我不知道风是在那一个方向吹

我不知道风
是在那一个方向吹——
我是在梦中,
在梦的轻波里依洄。

我不知道风
是在那一个方向吹——
我是在梦中,
她的温存我的迷醉。

我不知道风
是在那一个方向吹——
我是在梦中,
甜美是梦里的光辉。

我不知道风
是在那一个方向吹——
我是在梦中,
她的负心,我的伤悲。

我不知道风

是在那一个方向吹——

我是在梦中,

在梦的悲哀里心碎!

我不知道风

是在那一个方向吹——

我是在梦中,

黯淡是梦里的光辉。

(1928年作)

我有一个恋爱

我有一个恋爱,

我爱天上的明星,

我爱他们的晶莹:——

人间没有这异样的神明!

在冷峭的暮冬的黄昏,

在寂寞的灰色的清晨,

在海上,在风雨后的山顶:——

永远有一颗，万颗的明星！

山涧边小草花的知心，
高楼上小孩童的欢欣，
旅行人的灯亮与南针：——
万万里外闪烁的精灵！

我有一个破碎的魂灵，
像一堆破碎的水晶，
散布在荒野的枯草里：——
饱啜你一瞬瞬的殷勤。

人生的冰激与柔情，
我也曾尝味，我也曾容忍；
有时阶砌下蟋蟀的秋吟：——
引起我心伤，逼迫我泪零。

我袒露我的坦白的胸襟，
献爱与一天的明星；
任凭人生是幻是真，
地球存在或是消泯：——
太空中永远有不昧的明星！

inn/earth® 出品
地球旅馆

捧读文化
触及身心的阅读
全国总经销

出 品 人　张进步　程　碧

特约编辑　孟令堃
封面设计　广　岛（@ 广岛 Alvin）

新浪微博　　微信公众号

法律顾问　天津益清（北京）律师事务所 王彦玲
出版投稿、合作交流，请发邮件至：innearth@foxmail.com
了解新书，图书邮购、团购、采购等，请联系发行电话：010-85805570